INDONESISCH
WOORDENSCHAT

THEMATISCHE WOORDENLIJST

NEDERLANDS
INDONESISCH

De meest bruikbare woorden
Om uw woordenschat uit te breiden en
uw taalvaardigheid aan te scherpen

5000 woorden

Thematische woordenschat Nederlands-Indonesisch - 5000 woorden
Door Andrey Taranov

Woordenlijsten van T&P Books zijn bedoeld om u woorden van een vreemde taal te helpen leren, onthouden, en bestudering. Dit woordenboek is ingedeeld in thema's en behandelt alle belangrijk terreinen van het dagelijkse leven, bedrijven, wetenschap, cultuur, etc.

Het proces van het leren van woorden met behulp van de op thema's gebaseerde aanpak van T&P Books biedt u de volgende voordelen:

- Correct gegroepeerde informatie is bepalend voor succes bij opeenvolgende stadia van het leren van woorden
- De beschikbaarheid van woorden die van dezelfde stam zijn maakt het mogelijk om woordgroepen te onthouden (in plaats van losse woorden)
- Kleine groepen van woorden faciliteren het proces van het aanmaken van associatieve verbindingen, die nodig zijn bij het consolideren van de woordenschat
- Het niveau van talenkennis kan worden ingeschat door het aantal geleerde woorden

Copyright © 2016 T&P Books Publishing

Alle rechten voorbehouden. Niets uit deze uitgave mag worden verveelvoudigd, opgeslagen in een geautomatiseerd gegevensbestand en/of openbaar gemaakt in enige vorm of op enige wijze, hetzij elektronisch, mechanisch, door fotokopieën, opnamen of op enige andere manier zonder voorafgaande schriftelijke toestemming van de uitgever. U mag dit boek niet verspreiden in welk formaat dan ook.

T&P Books Publishing
www.tpbooks.com

ISBN: 978-1-78616-493-3

Dit boek is ook beschikbaar in e-boek formaat.
Gelieve www.tpbooks.com te bezoeken of de belangrijkste online boekwinkels.

INDONESISCHE WOORDENSCHAT
nieuwe woorden leren

T&P Books woordenlijsten zijn bedoeld om u te helpen vreemde woorden te leren, te onthouden, en te bestuderen. De woordenschat bevat meer dan 5000 veel gebruikte woorden die thematisch geordend zijn.

- De woordenlijst bevat de meest gebruikte woorden
- Aanbevolen als aanvulling bij welke taalcursus dan ook
- Voldoet aan de behoeften van de beginnende en gevorderde student in vreemde talen
- Geschikt voor dagelijks gebruik, bestudering en zelftestactiviteiten
- Maakt het mogelijk om uw woordenschat te evalueren

Bijzondere kenmerken van de woordenschat

- De woorden zijn gerangschikt naar hun betekenis, niet volgens alfabet
- De woorden worden weergegeven in drie kolommen om bestudering en zelftesten te vergemakkelijken
- Woorden in groepen worden verdeeld in kleine blokken om het leerproces te vergemakkelijken
- De woordenschat biedt een handige en eenvoudige beschrijving van elk buitenlands woord

De woordenschat bevat 155 onderwerpen zoals:

Basisconcepten, getallen, kleuren, maanden, seizoenen, meeteenheden, kleding en accessoires, eten & voeding, restaurant, familieleden, verwanten, karakter, gevoelens, emoties, ziekten, stad, dorp, bezienswaardigheden, winkelen, geld, huis, thuis, kantoor, werken op kantoor, import & export, marketing, werk zoeken, sport, onderwijs, computer, internet, gereedschap, natuur, landen, nationaliteiten en meer ...

INHOUDSOPGAVE

Uitspraakgids	9
Afkortingen	10

BASISBEGRIPPEN 11
Basisbegrippen Deel 1 11

1. Voornaamwoorden 11
2. Begroetingen. Begroetingen. Afscheid 11
3. Hoe aan te spreken 12
4. Kardinale getallen. Deel 1 12
5. Kardinale getallen. Deel 2 13
6. Ordinale getallen 14
7. Getallen. Breuken 14
8. Getallen. Eenvoudige berekeningen 14
9. Getallen. Diversen 14
10. De belangrijkste werkwoorden. Deel 1 15
11. De belangrijkste werkwoorden. Deel 2 16
12. De belangrijkste werkwoorden. Deel 3 17
13. De belangrijkste werkwoorden. Deel 4 18
14. Kleuren 19
15. Vragen 19
16. Voorzetsels 20
17. Functiewoorden. Bijwoorden. Deel 1 20
18. Functiewoorden. Bijwoorden. Deel 2 22

Basisbegrippen Deel 2 24

19. Dagen van de week 24
20. Uren. Dag en nacht 24
21. Maanden. Seizoenen 25
22. Meeteenheden 27
23. Containers 28

MENS 29
Mens. Het lichaam 29

24. Hoofd 29
25. Menselijk lichaam 30

Kleding en accessoires 31

26. Bovenkleding. Jassen 31
27. Heren & dames kleding 31

28. Kleding. Ondergoed	32
29. Hoofddeksels	32
30. Schoeisel	32
31. Persoonlijke accessoires	33
32. Kleding. Diversen	33
33. Persoonlijke verzorging. Schoonheidsmiddelen	34
34. Horloges. Klokken	35

Voedsel. Voeding — 36

35. Voedsel	36
36. Drankjes	37
37. Groenten	38
38. Vruchten. Noten	39
39. Brood. Snoep	40
40. Bereide gerechten	40
41. Kruiden	41
42. Maaltijden	42
43. Tafelschikking	43
44. Restaurant	43

Familie, verwanten en vrienden — 44

45. Persoonlijke informatie. Formulieren	44
46. Familieleden. Verwanten	44

Geneeskunde — 46

47. Ziekten	46
48. Symptomen. Behandelingen. Deel 1	47
49. Symptomen. Behandelingen. Deel 2	48
50. Symptomen. Behandelingen. Deel 3	49
51. Artsen	50
52. Geneeskunde. Medicijnen. Accessoires	50

HET MENSELIJKE LEEFGEBIED — 52
Stad — 52

53. Stad. Het leven in de stad	52
54. Stedelijke instellingen	53
55. Borden	54
56. Stedelijk vervoer	55
57. Bezienswaardigheden	56
58. Winkelen	57
59. Geld	58
60. Post. Postkantoor	59

Woning. Huis. Thuis — 60

61. Huis. Elektriciteit	60

62. Villa. Herenhuis	60
63. Appartement	60
64. Meubels. Interieur	61
65. Beddengoed	62
66. Keuken	62
67. Badkamer	63
68. Huishoudelijke apparaten	64

MENSELIJKE ACTIVITEITEN 65
Baan. Business. Deel 1 65

69. Kantoor. Op kantoor werken	65
70. Bedrijfsprocessen. Deel 1	66
71. Bedrijfsprocessen. Deel 2	67
72. Productie. Werken	68
73. Contract. Overeenstemming	69
74. Import & Export	70
75. Financiën	70
76. Marketing	71
77. Reclame	72
78. Bankieren	72
79. Telefoon. Telefoongesprek	73
80. Mobiele telefoon	74
81. Schrijfbehoeften	74
82. Soorten bedrijven	75

Baan. Business. Deel 2 77

83. Show. Tentoonstelling	77
84. Wetenschap. Onderzoek. Wetenschappers	78

Beroepen en ambachten 80

85. Zoeken naar werk. Ontslag	80
86. Zakenmensen	80
87. Dienstverlenende beroepen	81
88. Militaire beroepen en rangen	82
89. Ambtenaren. Priesters	83
90. Agrarische beroepen	83
91. Kunst beroepen	84
92. Verschillende beroepen	84
93. Beroepen. Sociale status	86

Onderwijs 87

94. School	87
95. Hogeschool. Universiteit	88
96. Wetenschappen. Disciplines	89
97. Schrift. Spelling	89
98. Vreemde talen	90

Rusten. Entertainment. Reizen	92
99. Trip. Reizen	92
100. Hotel	92
TECHNISCHE APPARATUUR. VERVOER	94
Technische apparatuur	94
101. Computer	94
102. Internet. E-mail	95
103. Elektriciteit	96
104. Gereedschappen	96
Vervoer	99
105. Vliegtuig	99
106. Trein	100
107. Schip	101
108. Vliegveld	102
Gebeurtenissen in het leven	104
109. Vakanties. Evenement	104
110. Begrafenissen. Begrafenis	105
111. Oorlog. Soldaten	105
112. Oorlog. Militaire acties. Deel 1	106
113. Oorlog. Militaire acties. Deel 2	108
114. Wapens	109
115. Oude mensen	111
116. Middeleeuwen	112
117. Leider. Baas. Autoriteiten	113
118. De wet overtreden. Criminelen. Deel 1	114
119. De wet overtreden. Criminelen. Deel 2	115
120. Politie. Wet. Deel 1	116
121. Politie. Wet. Deel 2	117
NATUUR	119
De Aarde. Deel 1	119
122. De kosmische ruimte	119
123. De Aarde	120
124. Windrichtingen	121
125. Zee. Oceaan	121
126. Namen van zeeën en oceanen	122
127. Bergen	123
128. Bergen namen	124
129. Rivieren	124
130. Namen van rivieren	125
131. Bos	125
132. Natuurlijke hulpbronnen	126

De Aarde. Deel 2 128

133. Weer 128
134. Zwaar weer. Natuurrampen 129

Fauna 130

135. Zoogdieren. Roofdieren 130
136. Wilde dieren 130
137. Huisdieren 131
138. Vogels 132
139. Vis. Zeedieren 134
140. Amfibieën. Reptielen 134
141. Insecten 135

Flora 136

142. Bomen 136
143. Heesters 136
144. Vruchten. Bessen 137
145. Bloemen. Planten 138
146. Granen, graankorrels 139

LANDEN. NATIONALITEITEN 140

147. West-Europa 140
148. Centraal- en Oost-Europa 140
149. Voormalige USSR landen 141
150. Azië 141
151. Noord-Amerika 142
152. Midden- en Zuid-Amerika 142
153. Afrika 143
154. Australië. Oceanië 143
155. Steden 143

UITSPRAAKGIDS

Letter	Indonesisch voorbeeld	T&P fonetisch alfabet	Nederlands voorbeeld
Aa	zaman	[a]	acht
Bb	besar	[b]	hebben
Cc	kecil, cepat	[ʧ]	Tsjechië, cello
Dd	dugaan	[d]	Dank u, honderd
Ee	segera, mencium	[e], [ə]	zeven, zesde
Ff	berfungsi	[f]	feestdag, informeren
Gg	juga, lagi	[g]	goal, tango
Hh	hanya, bahwa	[h]	het, herhalen
Ii	izin, sebagai ganti	[i], [j]	bidden, januari
Jj	setuju, ijin	[ʤ]	jeans, gin
Kk	kemudian, tidak	[k], [ʔ]	kennen, glottisslag
Ll	dilarang	[l]	delen, luchter
Mm	melihat	[m]	morgen, etmaal
Nn	berenang	[n], [ŋ]	nemen, optelling
Oo	toko roti	[oː]	rood, knoop
Pp	peribahasa	[p]	parallel, koper
Qq	Aquarius	[k]	kennen, kleur
Rr	ratu, riang	[r]	trillende [r]
Ss	sendok, syarat	[s], [ʃ]	spreken, shampoo
Tt	tamu, adat	[t]	tomaat, taart
Uu	ambulans	[u]	hoed, doe
Vv	renovasi	[v]	beloven, schrijven
Ww	pariwisata	[w]	twee, willen
Xx	boxer	[ks]	links, maximaal
Yy	banyak, syarat	[j]	New York, januari
Zz	zamrud	[z]	zeven, zesde

Lettercombinaties

aa	maaf	[aʔa]	a+glottisslag
kh	khawatir	[h]	het, herhalen
th	Gereja Lutheran	[t]	tomaat, taart
-k	tidak	[ʔ]	glottisslag

AFKORTINGEN
gebruikt in de woordenschat

Nederlandse afkortingen

abn	-	als bijvoeglijk naamwoord
bijv.	-	bijvoorbeeld
bn	-	bijvoeglijk naamwoord
bw	-	bijwoord
enk.	-	enkelvoud
enz.	-	enzovoort
form.	-	formele taal
inform.	-	informele taal
mann.	-	mannelijk
mil.	-	militair
mv.	-	meervoud
on.ww.	-	onovergankelijk werkwoord
ontelb.	-	ontelbaar
ov.	-	over
ov.ww.	-	overgankelijk werkwoord
telb.	-	telbaar
vn	-	voornaamwoord
vrouw.	-	vrouwelijk
vw	-	voegwoord
vz	-	voorzetsel
wisk.	-	wiskunde
ww	-	werkwoord

Nederlandse artikelen

de	-	gemeenschappelijk geslacht
de/het	-	gemeenschappelijk geslacht, onzijdig
het	-	onzijdig

BASISBEGRIPPEN

Basisbegrippen Deel 1

1. Voornaamwoorden

ik	saya, aku	[saja], [aku]
jij, je	engkau, kamu	[eŋkau], [kamu]
hij, zij, het	beliau, dia, ia	[beliau], [dia], [ia]
wij, we	kami, kita	[kami], [kita]
jullie	kalian	[kalian]
U (form., enk.)	Anda	[anda]
U (form., mv.)	Anda sekalian	[anda sekalian]
zij, ze	mereka	[mereka]

2. Begroetingen. Begroetingen. Afscheid

Hallo! Dag!	Halo!	[halo!]
Hallo!	Halo!	[halo!]
Goedemorgen!	Selamat pagi!	[slamat pagi!]
Goedemiddag!	Selamat siang!	[slamat siaŋ!]
Goedenavond!	Selamat sore!	[slamat sore!]
gedag zeggen (groeten)	menyapa	[mənjapa]
Hoi!	Hai!	[hey!]
groeten (het)	sambutan, salam	[sambutan], [salam]
verwelkomen (ww)	menyambut	[mənjambut]
Hoe gaat het?	Apa kabar?	[apa kabar?]
Is er nog nieuws?	Apa yang baru?	[apa yaŋ baru?]
Tot ziens! (form.)	Selamat tinggal! Selamat jalan!	[slamat tiŋgal!], [slamat dʒ¹alan!]
Doei!	Dadah!	[dadah!]
Tot snel! Tot ziens!	Sampai bertemu lagi!	[sampaj bərtemu lagi!]
Vaarwel! (inform.)	Sampai jumpa!	[sampaj dʒ¹umpa!]
Vaarwel! (form.)	Selamat tinggal!	[slamat tiŋgal!]
afscheid nemen (ww)	berpamitan	[berpamitan]
Tot kijk!	Sampai nanti!	[sampaj nanti!]
Dank u!	Terima kasih!	[tərima kasih!]
Dank u wel!	Terima kasih banyak!	[tərima kasih banja'!]
Graag gedaan	Kembali! Sama-sama!	[kembali!], [sama-sama!]
Geen dank!	Kembali!	[kembali!]
Geen moeite.	Kembali!	[kembali!]
Excuseer me, ...	Maaf, ...	[ma'af, ...]
excuseren (verontschuldigen)	memaafkan	[mema'afkan]

zich verontschuldigen	meminta maaf	[meminta ma'af]
Mijn excuses.	Maafkan saya	[ma'afkan saja]
Het spijt me!	Maaf!	[ma'af!]
vergeven (ww)	memaafkan	[mema'afkan]
Maakt niet uit!	Tidak apa-apa!	[tida' apa-apa!]
alsjeblieft	tolong	[toloŋ]
Vergeet het niet!	Jangan lupa!	[dʒʲaŋan lupa!]
Natuurlijk!	Tentu!	[tentu!]
Natuurlijk niet!	Tentu tidak!	[tentu tida'!]
Akkoord!	Baiklah! Baik!	[bajklah!], [baj'!]
Zo is het genoeg!	Cukuplah!	[ʧukuplah!]

3. Hoe aan te spreken

Excuseer me, ...	Maaf, ...	[ma'af, ...]
meneer	tuan	[tuan]
mevrouw	nyonya	[nenja]
juffrouw	nona	[nona]
jongeman	nak	[na']
jongen	nak, bocah	[nak], [boʧah]
meisje	nak	[na']

4. Kardinale getallen. Deel 1

nul	nol	[nol]
een	satu	[satu]
twee	dua	[dua]
drie	tiga	[tiga]
vier	empat	[empat]
vijf	lima	[lima]
zes	enam	[enam]
zeven	tujuh	[tudʒʲuh]
acht	delapan	[delapan]
negen	sembilan	[sembilan]
tien	sepuluh	[sepuluh]
elf	sebelas	[sebelas]
twaalf	dua belas	[dua belas]
dertien	tiga belas	[tiga belas]
veertien	empat belas	[empat belas]
vijftien	lima belas	[lima belas]
zestien	enam belas	[enam belas]
zeventien	tujuh belas	[tudʒʲuh belas]
achttien	delapan belas	[delapan belas]
negentien	sembilan belas	[sembilan belas]
twintig	dua puluh	[dua puluh]
eenentwintig	dua puluh satu	[dua puluh satu]
tweeëntwintig	dua puluh dua	[dua puluh dua]

drieëntwintig	dua puluh tiga	[dua puluh tiga]
dertig	tiga puluh	[tiga puluh]
eenendertig	tiga puluh satu	[tiga puluh satu]
tweeëndertig	tiga puluh dua	[tiga puluh dua]
drieëndertig	tiga puluh tiga	[tiga puluh tiga]
veertig	empat puluh	[empat puluh]
eenenveertig	empat puluh satu	[empat puluh satu]
tweeënveertig	empat puluh dua	[empat puluh dua]
drieënveertig	empat puluh tiga	[empat puluh tiga]
vijftig	lima puluh	[lima puluh]
eenenvijftig	lima puluh satu	[lima puluh satu]
tweeënvijftig	lima puluh dua	[lima puluh dua]
drieënvijftig	lima puluh tiga	[lima puluh tiga]
zestig	enam puluh	[enam puluh]
eenenzestig	enam puluh satu	[enam puluh satu]
tweeënzestig	enam puluh dua	[enam puluh dua]
drieënzestig	enam puluh tiga	[enam puluh tiga]
zeventig	tujuh puluh	[tudʒʲuh puluh]
eenenzeventig	tujuh puluh satu	[tudʒʲuh puluh satu]
tweeënzeventig	tujuh puluh dua	[tudʒʲuh puluh dua]
drieënzeventig	tujuh puluh tiga	[tudʒʲuh puluh tiga]
tachtig	delapan puluh	[delapan puluh]
eenentachtig	delapan puluh satu	[delapan puluh satu]
tweeëntachtig	delapan puluh dua	[delapan puluh dua]
drieëntachtig	delapan puluh tiga	[delapan puluh tiga]
negentig	sembilan puluh	[sembilan puluh]
eenennegentig	sembulan puluh satu	[sembulan puluh satu]
tweeënnegentig	sembilan puluh dua	[sembilan puluh dua]
drieënnegentig	sembilan puluh tiga	[sembilan puluh tiga]

5. Kardinale getallen. Deel 2

honderd	seratus	[seratus]
tweehonderd	dua ratus	[dua ratus]
driehonderd	tiga ratus	[tiga ratus]
vierhonderd	empat ratus	[empat ratus]
vijfhonderd	lima ratus	[lima ratus]
zeshonderd	enam ratus	[enam ratus]
zevenhonderd	tujuh ratus	[tudʒʲuh ratus]
achthonderd	delapan ratus	[delapan ratus]
negenhonderd	sembilan ratus	[sembilan ratus]
duizend	seribu	[seribu]
tweeduizend	dua ribu	[dua ribu]
drieduizend	tiga ribu	[tiga ribu]
tienduizend	sepuluh ribu	[sepuluh ribu]
honderdduizend	seratus ribu	[seratus ribu]

miljoen (het)	**juta**	[dʒ'uta]
miljard (het)	**miliar**	[miliar]

6. Ordinale getallen

eerste (bn)	**pertama**	[pərtama]
tweede (bn)	**kedua**	[kedua]
derde (bn)	**ketiga**	[ketiga]
vierde (bn)	**keempat**	[keempat]
vijfde (bn)	**kelima**	[kelima]
zesde (bn)	**keenam**	[keenam]
zevende (bn)	**ketujuh**	[ketudʒ'uh]
achtste (bn)	**kedelapan**	[kedelapan]
negende (bn)	**kesembilan**	[kesembilan]
tiende (bn)	**kesepuluh**	[kesepuluh]

7. Getallen. Breuken

breukgetal (het)	**pecahan**	[petʃahan]
half	**seperdua**	[seperdua]
een derde	**sepertiga**	[sepertiga]
kwart	**seperempat**	[seperempat]
een achtste	**seperdelapan**	[seperdelapan]
een tiende	**sepersepuluh**	[sepersepuluh]
twee derde	**dua pertiga**	[dua pertiga]
driekwart	**tiga perempat**	[tiga perempat]

8. Getallen. Eenvoudige berekeningen

aftrekking (de)	**pengurangan**	[peŋuraŋan]
aftrekken (ww)	**mengurangkan**	[məŋuraŋkan]
deling (de)	**pembagian**	[pembagian]
delen (ww)	**membagi**	[membagi]
optelling (de)	**penambahan**	[penambahan]
erbij optellen (bij elkaar voegen)	**menambahkan**	[mənambahkan]
optellen (ww)	**menambahkan**	[mənambahkan]
vermenigvuldiging (de)	**pengalian**	[peŋalian]
vermenigvuldigen (ww)	**mengalikan**	[məŋalikan]

9. Getallen. Diversen

cijfer (het)	**angka**	[aŋka]
nummer (het)	**nomor**	[nomor]
telwoord (het)	**kata bilangan**	[kata bilaŋan]

minteken (het)	minus	[minus]
plusteken (het)	plus	[plus]
formule (de)	rumus	[rumus]
berekening (de)	perhitungan	[pərhituŋan]
tellen (ww)	menghitung	[məŋhituŋ]
bijrekenen (ww)	menghitung	[məŋhituŋ]
vergelijken (ww)	membandingkan	[membandiŋkan]
Hoeveel?	Berapa?	[bərapa?]
som (de), totaal (het)	jumlah	[dʒʲumlah]
uitkomst (de)	hasil	[hasil]
rest (de)	sisa, baki	[sisa], [baki]
enkele (bijv. ~ minuten)	beberapa	[beberapa]
weinig (bw)	sedikit	[sedikit]
restant (het)	selebihnya, sisanya	[selebihnja], [sisanja]
anderhalf	satu setengah	[satu seteŋah]
dozijn (het)	lusin	[lusin]
middendoor (bw)	dua bagian	[dua bagian]
even (bw)	rata	[rata]
helft (de)	setengah	[seteŋah]
keer (de)	kali	[kali]

10. De belangrijkste werkwoorden. Deel 1

aanbevelen (ww)	merekomendasi	[merekomendasi]
aandringen (ww)	mendesak	[məndesaʔ]
aankomen (per auto, enz.)	datang	[dataŋ]
aanraken (ww)	menyentuh	[mənjentuh]
adviseren (ww)	menasihati	[mənasihati]
afdalen (on.ww.)	turun	[turun]
afslaan (naar rechts ~)	membelok	[membeloʔ]
antwoorden (ww)	menjawab	[məndʒʲawab]
bang zijn (ww)	takut	[takut]
bedreigen (bijv. met een pistool)	mengancam	[məŋantʃam]
bedriegen (ww)	menipu	[mənipu]
beëindigen (ww)	mengakhiri	[məŋahiri]
beginnen (ww)	memulai, membuka	[memulaj], [membuka]
begrijpen (ww)	mengerti	[məŋerti]
beheren (managen)	memimpin	[memimpin]
beledigen (met scheldwoorden)	menghina	[məŋhina]
beloven (ww)	berjanji	[berdʒʲandʒi]
bereiden (koken)	memasak	[memasaʔ]
bespreken (spreken over)	membicarakan	[membitʃarakan]
bestellen (eten ~)	memesan	[memesan]
bestraffen (een stout kind ~)	menghukum	[məŋhukum]

betalen (ww)	membayar	[membajar]
betekenen (beduiden)	berarti	[bərarti]
betreuren (ww)	menyesal	[mənjesal]

bevallen (prettig vinden)	suka	[suka]
bevelen (mil.)	memerintahkan	[memerintahkan]
bevrijden (stad, enz.)	membebaskan	[membebaskan]
bewaren (ww)	menyimpan	[mənjimpan]
bezitten (ww)	memiliki	[memiliki]

bidden (praten met God)	bersembahyang, berdoa	[bərsembahjaŋ], [bərdoa]
binnengaan (een kamer ~)	masuk, memasuki	[masuk], [memasuki]
breken (ww)	memecahkan	[memetʃahkan]
controleren (ww)	mengontrol	[mənontrol]
creëren (ww)	menciptakan	[məntʃiptakan]

deelnemen (ww)	turut serta	[turut serta]
denken (ww)	berpikir	[bərpikir]
doden (ww)	membunuh	[membunuh]
doen (ww)	membuat	[membuat]
dorst hebben (ww)	haus	[haus]

11. De belangrijkste werkwoorden. Deel 2

een hint geven	memberi petunjuk	[memberi petundʒiuʔ]
eisen (met klem vragen)	menuntut	[mənuntut]
excuseren (vergeven)	memaafkan	[mema'afkan]
existeren (bestaan)	ada	[ada]
gaan (te voet)	berjalan	[bərdʒialan]

gaan zitten (ww)	duduk	[duduʔ]
gaan zwemmen	berenang	[bərenaŋ]
geven (ww)	memberi	[memberi]
glimlachen (ww)	tersenyum	[tərsenyum]
goed raden (ww)	menerka	[mənerka]

| grappen maken (ww) | bergurau | [bərgurau] |
| graven (ww) | menggali | [məŋgali] |

hebben (ww)	mempunyai	[mempunjaj]
helpen (ww)	membantu	[membantu]
herhalen (opnieuw zeggen)	mengulangi	[məŋulaŋi]
honger hebben (ww)	lapar	[lapar]

hopen (ww)	berharap	[bərharap]
horen (waarnemen met het oor)	mendengar	[məndeŋar]
huilen (wenen)	menangis	[mənaŋis]
huren (huis, kamer)	menyewa	[mənjewa]
informeren (informatie geven)	menginformasikan	[məŋinformasikan]
instemmen (akkoord gaan)	setuju	[setudʒiu]
jagen (ww)	berburu	[bərburu]
kennen (kennis hebben van iemand)	kenal	[kenal]

kiezen (ww)	memilih	[memilih]
klagen (ww)	mengeluh	[məŋeluh]
kosten (ww)	berharga	[bərharga]
kunnen (ww)	bisa	[bisa]
lachen (ww)	tertawa	[tərtawa]
laten vallen (ww)	tercecer	[tərtʃetʃer]
lezen (ww)	membaca	[membatʃa]
liefhebben (ww)	mencintai	[mentʃintaj]
lunchen (ww)	makan siang	[makan siaŋ]
nemen (ww)	mengambil	[məŋambil]
nodig zijn (ww)	dibutuhkan	[dibutuhkan]

12. De belangrijkste werkwoorden. Deel 3

onderschatten (ww)	meremehkan	[meremehkan]
ondertekenen (ww)	menandatangani	[mənandataŋani]
ontbijten (ww)	sarapan	[sarapan]
openen (ww)	membuka	[membuka]
ophouden (ww)	menghentikan	[məŋhentikan]
opmerken (zien)	memperhatikan	[memperhatikan]
opscheppen (ww)	membual	[membual]
opschrijven (ww)	mencatat	[mentʃatat]
plannen (ww)	merencanakan	[merentʃanakan]
prefereren (verkiezen)	lebih suka	[lebih suka]
proberen (trachten)	mencoba	[mentʃoba]
redden (ww)	menyelamatkan	[mənjelamatkan]
rekenen op ...	mengharapkan ...	[məŋharapkan ...]
rennen (ww)	lari	[lari]
reserveren (een hotelkamer ~)	memesan	[memesan]
roepen (om hulp)	memanggil	[memaŋgil]
schieten (ww)	menembak	[mənembaʔ]
schreeuwen (ww)	berteriak	[bərteriaʔ]
schrijven (ww)	menulis	[mənulis]
souperen (ww)	makan malam	[makan malam]
spelen (kinderen)	bermain	[bərmajn]
spreken (ww)	berbicara	[bərbitʃara]
stelen (ww)	mencuri	[mentʃuri]
stoppen (pauzeren)	berhenti	[bərhenti]
studeren (Nederlands ~)	mempelajari	[mempeladʒari]
sturen (zenden)	mengirim	[məŋirim]
tellen (optellen)	menghitung	[məŋhituŋ]
toebehoren ...	kepunyaan ...	[kepunjaʔan ...]
toestaan (ww)	mengizinkan	[məŋizinkan]
tonen (ww)	menunjukkan	[mənundʒuʔkan]
twijfelen (onzeker zijn)	ragu-ragu	[ragu-ragu]
uitgaan (ww)	keluar	[keluar]

uitnodigen (ww)	mengundang	[məŋundaŋ]
uitspreken (ww)	melafalkan	[melafalkan]
uitvaren tegen (ww)	memarahi, menegur	[memarahi], [menegur]

13. De belangrijkste werkwoorden. Deel 4

vallen (ww)	jatuh	[dʒ¡atuh]
vangen (ww)	menangkap	[mənaŋkap]
veranderen (anders maken)	mengubah	[məŋubah]
verbaasd zijn (ww)	heran	[heran]
verbergen (ww)	menyembunyikan	[mənjembunjikan]

verdedigen (je land ~)	membela	[membela]
verenigen (ww)	menyatukan	[mənjatukan]
vergelijken (ww)	membandingkan	[membandiŋkan]
vergeten (ww)	melupakan	[melupakan]
vergeven (ww)	memaafkan	[memaʔafkan]

verklaren (uitleggen)	menjelaskan	[məndʒ¡elaskan]
verkopen (per stuk ~)	menjual	[məndʒ¡ual]
vermelden (praten over)	menyebut	[mənjebut]
versieren (decoreren)	menghiasi	[məŋhiasi]
vertalen (ww)	menerjemahkan	[mənerdʒ¡emahkan]

vertrouwen (ww)	mempercayai	[mempertʃajaj]
vervolgen (ww)	meneruskan	[məneruskan]
verwarren (met elkaar ~)	bingung membedakan	[biŋuŋ membedakan]
verzoeken (ww)	meminta	[meminta]
verzuimen (school, enz.)	absen	[absen]

vinden (ww)	menemukan	[mənemukan]
vliegen (ww)	terbang	[tərbaŋ]
volgen (ww)	mengikuti ...	[məŋikuti ...]
voorstellen (ww)	mengusulkan	[məŋusulkan]
voorzien (verwachten)	menduga	[mənduga]
vragen (ww)	bertanya	[bərtanja]

waarnemen (ww)	mengamati	[məŋamati]
waarschuwen (ww)	memperingatkan	[memperiŋatkan]
wachten (ww)	menunggu	[mənuŋgu]
weerspreken (ww)	keberatan	[keberatan]
weigeren (ww)	menolak	[mənolaʔ]

werken (ww)	bekerja	[bekerdʒ¡a]
weten (ww)	tahu	[tahu]
willen (verlangen)	mau, ingin	[mau], [iŋin]
zeggen (ww)	berkata	[bərkata]
zich haasten (ww)	tergesa-gesa	[tərgesa-gesa]

zich interesseren voor ...	menaruh minat pada ...	[mənaruh minat pada ...]
zich vergissen (ww)	salah	[salah]
zich verontschuldigen	meminta maaf	[meminta maʔaf]
zien (ww)	melihat	[melihat]
zijn (leraar ~)	ialah, adalah	[ialah], [adalah]

zijn (op dieet ~)	sedang	[sedaŋ]
zoeken (ww)	mencari ...	[məntʃari ...]
zwemmen (ww)	berenang	[bərenaŋ]
zwijgen (ww)	diam	[diam]

14. Kleuren

kleur (de)	warna	[warna]
tint (de)	nuansa	[nuansa]
kleurnuance (de)	warna	[warna]
regenboog (de)	pelangi	[pelaŋi]
wit (bn)	putih	[putih]
zwart (bn)	hitam	[hitam]
grijs (bn)	kelabu	[kelabu]
groen (bn)	hijau	[hidʒ'au]
geel (bn)	kuning	[kuniŋ]
rood (bn)	merah	[merah]
blauw (bn)	biru	[biru]
lichtblauw (bn)	biru muda	[biru muda]
roze (bn)	pink	[pinʔ]
oranje (bn)	oranye, jingga	[oranje], [dʒiŋga]
violet (bn)	violet, ungu muda	[violet], [uŋu muda]
bruin (bn)	cokelat	[tʃokelat]
goud (bn)	keemasan	[keemasan]
zilverkleurig (bn)	keperakan	[keperakan]
beige (bn)	abu-abu kecokelatan	[abu-abu ketʃokelatan]
roomkleurig (bn)	krem	[krem]
turkoois (bn)	pirus	[pirus]
kersrood (bn)	merah tua	[merah tua]
lila (bn)	ungu	[uŋu]
karmijnrood (bn)	merah lembayung	[merah lembajuŋ]
licht (bn)	terang	[teraŋ]
donker (bn)	gelap	[gelap]
fel (bn)	terang	[teraŋ]
kleur-, kleurig (bn)	berwarna	[bərwarna]
kleuren- (abn)	warna	[warna]
zwart-wit (bn)	hitam-putih	[hitam-putih]
eenkleurig (bn)	polos, satu warna	[polos], [satu warna]
veelkleurig (bn)	berwarna-warni	[bərwarna-warni]

15. Vragen

Wie?	Siapa?	[siapa?]
Wat?	Apa?	[apa?]
Waar?	Di mana?	[di mana?]

Waarheen?	Ke mana?	[ke mana?]
Waar ... vandaan?	Dari mana?	[dari mana?]
Wanneer?	Kapan?	[kapan?]
Waarom?	Mengapa?	[məŋapa?]
Waarom?	Mengapa?	[məŋapa?]

Waarvoor dan ook?	Untuk apa?	[untu' apa?]
Hoe?	Bagaimana?	[bagajmana?]
Wat voor ...?	Apa? Yang mana?	[apa?], [yaŋ mana?]
Welk?	Yang mana?	[yaŋ mana?]

Aan wie?	Kepada siapa?	[kepada siapa?],
	Untuk siapa?	[untu' siapa?]
Over wie?	Tentang siapa?	[tentaŋ siapa?]
Waarover?	Tentang apa?	[tentaŋ apa?]
Met wie?	Dengan siapa?	[deŋan siapa?]

| Hoeveel? | Berapa? | [berapa?] |
| Van wie? | Milik siapa? | [mili' siapa?] |

16. Voorzetsels

met (bijv. ~ beleg)	dengan	[deŋan]
zonder (~ accent)	tanpa	[tanpa]
naar (in de richting van)	ke	[ke]
over (praten ~)	tentang ...	[tentaŋ ...]
voor (in tijd)	sebelum	[sebelum]
voor (aan de voorkant)	di depan ...	[di depan ...]

onder (lager dan)	di bawah	[di bawah]
boven (hoger dan)	di atas	[di atas]
op (bovenop)	di atas	[di atas]
van (uit, afkomstig van)	dari	[dari]
van (gemaakt van)	dari	[dari]

| over (bijv. ~ een uur) | dalam | [dalam] |
| over (over de bovenkant) | melalui | [melalui] |

17. Functiewoorden. Bijwoorden. Deel 1

Waar?	Di mana?	[di mana?]
hier (bw)	di sini	[di sini]
daar (bw)	di sana	[di sana]

| ergens (bw) | di suatu tempat | [di suatu tempat] |
| nergens (bw) | tak ada di mana pun | [ta' ada di mana pun] |

| bij ... (in de buurt) | dekat | [dekat] |
| bij het raam | dekat jendela | [dekat dʒendela] |

| Waarheen? | Ke mana? | [ke mana?] |
| hierheen (bw) | ke sini | [ke sini] |

daarheen (bw)	ke sana	[ke sana]
hiervandaan (bw)	dari sini	[dari sini]
daarvandaan (bw)	dari sana	[dari sana]
dichtbij (bw)	dekat	[dekat]
ver (bw)	jauh	[dʒʲauh]
in de buurt (van …)	dekat	[dekat]
vlakbij (bw)	dekat	[dekat]
niet ver (bw)	tidak jauh	[tidaʔ dʒʲauh]
linker (bn)	kiri	[kiri]
links (bw)	di kiri	[di kiri]
linksaf, naar links (bw)	ke kiri	[ke kiri]
rechter (bn)	kanan	[kanan]
rechts (bw)	di kanan	[di kanan]
rechtsaf, naar rechts (bw)	ke kanan	[ke kanan]
vooraan (bw)	di depan	[di depan]
voorste (bn)	depan	[depan]
vooruit (bw)	ke depan	[ke depan]
achter (bw)	di belakang	[di belakaŋ]
van achteren (bw)	dari belakang	[dari belakaŋ]
achteruit (naar achteren)	mundur	[mundur]
midden (het)	tengah	[teŋah]
in het midden (bw)	di tengah	[di teŋah]
opzij (bw)	di sisi, di samping	[di sisi], [di sampiŋ]
overal (bw)	di mana-mana	[di mana-mana]
omheen (bw)	di sekitar	[di sekitar]
binnenuit (bw)	dari dalam	[dari dalam]
naar ergens (bw)	ke suatu tempat	[ke suatu tempat]
rechtdoor (bw)	terus	[terus]
terug (bijv. ~ komen)	kembali	[kembali]
ergens vandaan (bw)	dari mana pun	[dari mana pun]
ergens vandaan (en dit geld moet ~ komen)	dari suatu tempat	[dari suatu tempat]
ten eerste (bw)	pertama	[pərtama]
ten tweede (bw)	kedua	[kedua]
ten derde (bw)	ketiga	[ketiga]
plotseling (bw)	tiba-tiba	[tiba-tiba]
in het begin (bw)	mula-mula	[mula-mula]
voor de eerste keer (bw)	untuk pertama kalinya	[untuʔ pərtama kalinja]
lang voor … (bw)	jauh sebelum …	[dʒʲauh sebelum …]
opnieuw (bw)	kembali	[kembali]
voor eeuwig (bw)	untuk selama-lamanya	[untuʔ selama-lamanja]
nooit (bw)	tidak pernah	[tidaʔ pərnah]
weer (bw)	lagi, kembali	[lagi], [kembali]

nu (bw)	sekarang	[sekaraŋ]
vaak (bw)	sering, seringkali	[seriŋ], [seriŋkali]
toen (bw)	ketika itu	[ketika itu]
urgent (bw)	segera	[segera]
meestal (bw)	biasanya	[biasanja]

trouwens, ... (tussen haakjes)	ngomong-ngomong ...	[ŋomoŋ-ŋomoŋ ...]
mogelijk (bw)	mungkin	[muŋkin]
waarschijnlijk (bw)	mungkin	[muŋkin]
misschien (bw)	mungkin	[muŋkin]
trouwens (bw)	selain itu ...	[selajn itu ...]
daarom ...	karena itu ...	[karena itu ...]
in weerwil van ...	meskipun ...	[meskipun ...]
dankzij ...	berkat ...	[berkat ...]

wat (vn)	apa	[apa]
dat (vw)	bahwa	[bahwa]
iets (vn)	sesuatu	[sesuatu]
iets	sesuatu	[sesuatu]
niets (vn)	tidak sesuatu pun	[tidaʔ sesuatu pun]

wie (~ is daar?)	siapa	[siapa]
iemand (een onbekende)	seseorang	[seseoraŋ]
iemand (een bepaald persoon)	seseorang	[seseoraŋ]

niemand (vn)	tidak seorang pun	[tidaʔ seoraŋ pun]
nergens (bw)	tidak ke mana pun	[tidaʔ ke mana pun]
niemands (bn)	tidak milik siapa pun	[tidaʔ miliʔ siapa pun]
iemands (bn)	milik seseorang	[miliʔ seseoraŋ]

zo (Ik ben ~ blij)	sangat	[saŋat]
ook (evenals)	juga	[dʒˡuga]
alsook (eveneens)	juga	[dʒˡuga]

18. Functiewoorden. Bijwoorden. Deel 2

Waarom?	Mengapa?	[məŋapa?]
om een bepaalde reden	entah mengapa	[entah məŋapa]
omdat ...	karena ...	[karena ...]
voor een bepaald doel	untuk tujuan tertentu	[untuʔ tudʒˡuan tərtentu]

en (vw)	dan	[dan]
of (vw)	atau	[atau]
maar (vw)	tetapi, namun	[tetapi], [namun]
voor (vz)	untuk	[untuʔ]

te (~ veel mensen)	terlalu	[tərlalu]
alleen (bw)	hanya	[hanja]
precies (bw)	tepat	[tepat]
ongeveer (~ 10 kg)	sekitar	[sekitar]
omstreeks (bw)	kira-kira	[kira-kira]
bij benadering (bn)	kira-kira	[kira-kira]

bijna (bw)	hampir	[hampir]
rest (de)	selebihnya, sisanya	[selebihnja], [sisanja]

de andere (tweede)	kedua	[kedua]
ander (bn)	lain	[lain]
elk (bn)	setiap	[setiap]
om het even welk	sebarang	[sebaraŋ]
veel (grote hoeveelheid)	banyak	[banja']
veel mensen	banyak orang	[banja' oraŋ]
iedereen (alle personen)	semua	[semua]

in ruil voor ...	sebagai ganti ...	[sebagaj ganti ...]
in ruil (bw)	sebagai gantinya	[sebagaj gantinja]
met de hand (bw)	dengan tangan	[deŋan taŋan]
onwaarschijnlijk (bw)	hampir tidak	[hampir tida']

waarschijnlijk (bw)	mungkin	[muŋkin]
met opzet (bw)	sengaja	[seŋadʑa]
toevallig (bw)	tidak sengaja	[tida' seŋadʑa]

zeer (bw)	sangat	[saŋat]
bijvoorbeeld (bw)	misalnya	[misalnja]
tussen (~ twee steden)	antara	[antara]
tussen (te midden van)	di antara	[di antara]
zoveel (bw)	banyak sekali	[banja' sekali]
vooral (bw)	terutama	[terutama]

Basisbegrippen Deel 2

19. Dagen van de week

maandag (de)	Hari Senin	[hari senin]
dinsdag (de)	Hari Selasa	[hari selasa]
woensdag (de)	Hari Rabu	[hari rabu]
donderdag (de)	Hari Kamis	[hari kamis]
vrijdag (de)	Hari Jumat	[hari dʒʲumat]
zaterdag (de)	Hari Sabtu	[hari sabtu]
zondag (de)	Hari Minggu	[hari miŋgu]
vandaag (bw)	hari ini	[hari ini]
morgen (bw)	besok	[besoʔ]
overmorgen (bw)	besok lusa	[besoʔ lusa]
gisteren (bw)	kemarin	[kemarin]
eergisteren (bw)	kemarin dulu	[kemarin dulu]
dag (de)	hari	[hari]
werkdag (de)	hari kerja	[hari kerdʒʲa]
feestdag (de)	hari libur	[hari libur]
verlofdag (de)	hari libur	[hari libur]
weekend (het)	akhir pekan	[ahir pekan]
de hele dag (bw)	seharian	[seharian]
de volgende dag (bw)	hari berikutnya	[hari bərikutnja]
twee dagen geleden	dua hari lalu	[dua hari lalu]
aan de vooravond (bw)	hari sebelumnya	[hari sebelumnja]
dag-, dagelijks (bn)	harian	[harian]
elke dag (bw)	tiap hari	[tiap hari]
week (de)	minggu	[miŋgu]
vorige week (bw)	minggu lalu	[miŋgu lalu]
volgende week (bw)	minggu berikutnya	[miŋgu bərikutnja]
wekelijks (bn)	mingguan	[miŋguan]
elke week (bw)	tiap minggu	[tiap miŋgu]
twee keer per week	dua kali seminggu	[dua kali semiŋgu]
elke dinsdag	tiap Hari Selasa	[tiap hari selasa]

20. Uren. Dag en nacht

morgen (de)	pagi	[pagi]
's morgens (bw)	pada pagi hari	[pada pagi hari]
middag (de)	tengah hari	[teŋah hari]
's middags (bw)	pada sore hari	[pada sore hari]
avond (de)	sore, malam	[sore], [malam]
's avonds (bw)	waktu sore	[waktu sore]

nacht (de)	malam	[malam]
's nachts (bw)	pada malam hari	[pada malam hari]
middernacht (de)	tengah malam	[teŋah malam]
seconde (de)	detik	[detiʔ]
minuut (de)	menit	[menit]
uur (het)	jam	[dʒʲam]
halfuur (het)	setengah jam	[seteŋah dʒʲam]
kwartier (het)	seperempat jam	[seperempat dʒʲam]
vijftien minuten	lima belas menit	[lima belas menit]
etmaal (het)	siang-malam	[siaŋ-malam]
zonsopgang (de)	matahari terbit	[matahari tərbit]
dageraad (de)	subuh	[subuh]
vroege morgen (de)	dini pagi	[dini pagi]
zonsondergang (de)	matahari terbenam	[matahari tərbenam]
's morgens vroeg (bw)	pagi-pagi	[pagi-pagi]
vanmorgen (bw)	pagi ini	[pagi ini]
morgenochtend (bw)	besok pagi	[besoʔ pagi]
vanmiddag (bw)	sore ini	[sore ini]
's middags (bw)	pada sore hari	[pada sore hari]
morgenmiddag (bw)	besok sore	[besoʔ sore]
vanavond (bw)	sore ini	[sore ini]
morgenavond (bw)	besok malam	[besoʔ malam]
klokslag drie uur	pukul 3 tepat	[pukul tiga tepat]
ongeveer vier uur	sekitar pukul 4	[sekitar pukul empat]
tegen twaalf uur	pada pukul 12	[pada pukul belas]
over twintig minuten	dalam 20 menit	[dalam dua puluh menit]
over een uur	dalam satu jam	[dalam satu dʒʲam]
op tijd (bw)	tepat waktu	[tepat waktu]
kwart voor ...	... kurang seperempat	[... kuraŋ seperempat]
binnen een uur	selama sejam	[selama sedʒʲam]
elk kwartier	tiap 15 menit	[tiap lima belas menit]
de klok rond	siang-malam	[siaŋ-malam]

21. Maanden. Seizoenen

januari (de)	Januari	[dʒʲanuari]
februari (de)	Februari	[februari]
maart (de)	Maret	[maret]
april (de)	April	[april]
mei (de)	Mei	[mei]
juni (de)	Juni	[dʒʲuni]
juli (de)	Juli	[dʒʲuli]
augustus (de)	Augustus	[augustus]
september (de)	September	[september]
oktober (de)	Oktober	[oktober]

november (de)	November	[november]
december (de)	Desember	[desember]
lente (de)	musim semi	[musim semi]
in de lente (bw)	pada musim semi	[pada musim semi]
lente- (abn)	musim semi	[musim semi]
zomer (de)	musim panas	[musim panas]
in de zomer (bw)	pada musim panas	[pada musim panas]
zomer-, zomers (bn)	musim panas	[musim panas]
herfst (de)	musim gugur	[musim gugur]
in de herfst (bw)	pada musim gugur	[pada musim gugur]
herfst- (abn)	musim gugur	[musim gugur]
winter (de)	musim dingin	[musim diŋin]
in de winter (bw)	pada musim dingin	[pada musim diŋin]
winter- (abn)	musim dingin	[musim diŋin]
maand (de)	bulan	[bulan]
deze maand (bw)	bulan ini	[bulan ini]
volgende maand (bw)	bulan depan	[bulan depan]
vorige maand (bw)	bulan lalu	[bulan lalu]
een maand geleden (bw)	sebulan lalu	[sebulan lalu]
over een maand (bw)	dalam satu bulan	[dalam satu bulan]
over twee maanden (bw)	dalam 2 bulan	[dalam dua bulan]
de hele maand (bw)	sepanjang bulan	[sepandʒ¡aŋ bulan]
een volle maand (bw)	sebulan penuh	[sebulan penuh]
maand-, maandelijks (bn)	bulanan	[bulanan]
maandelijks (bw)	tiap bulan	[tiap bulan]
elke maand (bw)	tiap bulan	[tiap bulan]
twee keer per maand	dua kali sebulan	[dua kali sebulan]
jaar (het)	tahun	[tahun]
dit jaar (bw)	tahun ini	[tahun ini]
volgend jaar (bw)	tahun depan	[tahun depan]
vorig jaar (bw)	tahun lalu	[tahun lalu]
een jaar geleden (bw)	setahun lalu	[setahun lalu]
over een jaar	dalam satu tahun	[dalam satu tahun]
over twee jaar	dalam 2 tahun	[dalam dua tahun]
het hele jaar	sepanjang tahun	[sepandʒ¡aŋ tahun]
een vol jaar	setahun penuh	[setahun penuh]
elk jaar	tiap tahun	[tiap tahun]
jaar-, jaarlijks (bn)	tahunan	[tahunan]
jaarlijks (bw)	tiap tahun	[tiap tahun]
4 keer per jaar	empat kali setahun	[empat kali setahun]
datum (de)	tanggal	[taŋgal]
datum (de)	tanggal	[taŋgal]
kalender (de)	kalender	[kalender]
een half jaar	setengah tahun	[seteŋah tahun]
zes maanden	enam bulan	[enam bulan]

seizoen (bijv. lente, zomer)	musim	[musim]
eeuw (de)	abad	[abad]

22. Meeteenheden

gewicht (het)	berat	[berat]
lengte (de)	panjang	[pandʒˈaŋ]
breedte (de)	lebar	[lebar]
hoogte (de)	ketinggian	[ketiŋgian]
diepte (de)	kedalaman	[kedalaman]
volume (het)	volume, isi	[volume], [isi]
oppervlakte (de)	luas	[luas]
gram (het)	gram	[gram]
milligram (het)	miligram	[miligram]
kilogram (het)	kilogram	[kilogram]
ton (duizend kilo)	ton	[ton]
pond (het)	pon	[pon]
ons (het)	ons	[ons]
meter (de)	meter	[meter]
millimeter (de)	milimeter	[milimeter]
centimeter (de)	sentimeter	[sentimeter]
kilometer (de)	kilometer	[kilometer]
mijl (de)	mil	[mil]
duim (de)	inci	[intʃi]
voet (de)	kaki	[kaki]
yard (de)	yard	[yard]
vierkante meter (de)	meter persegi	[meter persegi]
hectare (de)	hektar	[hektar]
liter (de)	liter	[liter]
graad (de)	derajat	[deradʒˈat]
volt (de)	volt	[volt]
ampère (de)	ampere	[ampere]
paardenkracht (de)	tenaga kuda	[tenaga kuda]
hoeveelheid (de)	kuantitas	[kuantitas]
een beetje ...	sedikit ...	[sedikit ...]
helft (de)	setengah	[setəŋah]
dozijn (het)	lusin	[lusin]
stuk (het)	buah	[buah]
afmeting (de)	ukuran	[ukuran]
schaal (bijv. ~ van 1 op 50)	skala	[skala]
minimaal (bn)	minimal	[minimal]
minste (bn)	terkecil	[tərketʃil]
medium (bn)	sedang	[sedaŋ]
maximaal (bn)	maksimal	[maksimal]
grootste (bn)	terbesar	[tərbesar]

23. Containers

glazen pot (de)	gelas	[gelas]
blik (conserven~)	kaleng	[kaleŋ]
emmer (de)	ember	[ember]
ton (bijv. regenton)	tong	[toŋ]
ronde waterbak (de)	baskom	[baskom]
tank (bijv. watertank-70-ltr)	tangki	[taŋki]
heupfles (de)	pelples	[pelples]
jerrycan (de)	jeriken	[dʒⁱeriken]
tank (bijv. ketelwagen)	tangki	[taŋki]
beker (de)	mangkuk	[maŋkuʔ]
kopje (het)	cangkir	[tʃaŋkir]
schoteltje (het)	alas cangkir	[alas tʃaŋkir]
glas (het)	gelas	[gelas]
wijnglas (het)	gelas anggur	[gelas aŋgur]
steelpan (de)	panci	[pantʃi]
fles (de)	botol	[botol]
flessenhals (de)	leher	[leher]
karaf (de)	karaf	[karaf]
kruik (de)	kendi	[kendi]
vat (het)	wadah	[wadah]
pot (de)	pot	[pot]
vaas (de)	vas	[vas]
flacon (de)	botol	[botol]
flesje (het)	botol kecil	[botol ketʃil]
tube (bijv. ~ tandpasta)	tabung	[tabuŋ]
zak (bijv. ~ aardappelen)	karung	[karuŋ]
tasje (het)	kantong	[kantoŋ]
pakje (~ sigaretten, enz.)	bungkus	[buŋkus]
doos (de)	kotak, kardus	[kotak], [kardus]
kist (de)	kotak	[kotaʔ]
mand (de)	bakul	[bakul]

MENS

Mens. Het lichaam

24. Hoofd

hoofd (het)	kepala	[kepala]
gezicht (het)	wajah	[wadʒˈah]
neus (de)	hidung	[hiduŋ]
mond (de)	mulut	[mulut]
oog (het)	mata	[mata]
ogen (mv.)	mata	[mata]
pupil (de)	pupil, biji mata	[pupil], [bidʒi mata]
wenkbrauw (de)	alis	[alis]
wimper (de)	bulu mata	[bulu mata]
ooglid (het)	kelopak mata	[kelopaʼ mata]
tong (de)	lidah	[lidah]
tand (de)	gigi	[gigi]
lippen (mv.)	bibir	[bibir]
jukbeenderen (mv.)	tulang pipi	[tulaŋ pipi]
tandvlees (het)	gusi	[gusi]
gehemelte (het)	langit-langit mulut	[laŋit-laŋit mulut]
neusgaten (mv.)	lubang hidung	[lubaŋ hiduŋ]
kin (de)	dagu	[dagu]
kaak (de)	rahang	[rahaŋ]
wang (de)	pipi	[pipi]
voorhoofd (het)	dahi	[dahi]
slaap (de)	pelipis	[pelipis]
oor (het)	telinga	[teliŋa]
achterhoofd (het)	tengkuk	[teŋkuʼ]
hals (de)	leher	[leher]
keel (de)	tenggorok	[teŋgoroʼ]
haren (mv.)	rambut	[rambut]
kapsel (het)	tatanan rambut	[tatanan rambut]
haarsnit (de)	potongan rambut	[potoŋan rambut]
pruik (de)	wig, rambut palsu	[wig], [rambut palsu]
snor (de)	kumis	[kumis]
baard (de)	janggut	[dʒˈaŋgut]
dragen (een baard, enz.)	memelihara	[memelihara]
vlecht (de)	kepang	[kepaŋ]
bakkebaarden (mv.)	brewok	[brewoʼ]
ros (roodachtig, rossig)	merah pirang	[merah piraŋ]
grijs (~ haar)	beruban	[beruban]

| kaal (bn) | botak, plontos | [botak], [plontos] |
| kale plek (de) | botak | [botaʔ] |

| paardenstaart (de) | ekor kuda | [ekor kuda] |
| pony (de) | poni rambut | [poni rambut] |

25. Menselijk lichaam

| hand (de) | tangan | [taŋan] |
| arm (de) | lengan | [leŋan] |

vinger (de)	jari	[dʒʲari]
teen (de)	jari	[dʒʲari]
duim (de)	jempol	[dʒʲempol]
pink (de)	jari kelingking	[dʒʲari keliŋkiŋ]
nagel (de)	kuku	[kuku]

vuist (de)	kepalan tangan	[kepalan taŋan]
handpalm (de)	telapak	[telapaʔ]
pols (de)	pergelangan	[pərgelaŋan]
voorarm (de)	lengan bawah	[leŋan bawah]
elleboog (de)	siku	[siku]
schouder (de)	bahu	[bahu]

been (rechter ~)	kaki	[kaki]
voet (de)	telapak kaki	[telapaʔ kaki]
knie (de)	lutut	[lutut]
kuit (de)	betis	[betis]
heup (de)	paha	[paha]
hiel (de)	tumit	[tumit]

lichaam (het)	tubuh	[tubuh]
buik (de)	perut	[perut]
borst (de)	dada	[dada]
borst (de)	payudara	[pajudara]
zijde (de)	rusuk	[rusuʔ]
rug (de)	punggung	[puŋguŋ]
lage rug (de)	pinggang bawah	[piŋgaŋ bawah]
taille (de)	pinggang	[piŋgaŋ]

navel (de)	pusar	[pusar]
billen (mv.)	pantat	[pantat]
achterwerk (het)	pantat	[pantat]

huidvlek (de)	tanda lahir	[tanda lahir]
moedervlek (de)	tanda lahir	[tanda lahir]
tatoeage (de)	tato	[tato]
litteken (het)	parut luka	[parut luka]

Kleding en accessoires

26. Bovenkleding. Jassen

kleren (mv.), kleding (de)	pakaian	[pakajan]
bovenkleding (de)	pakaian luar	[pakajan luar]
winterkleding (de)	pakaian musim dingin	[pakajan musim diŋin]
jas (de)	mantel	[mantel]
bontjas (de)	mantel bulu	[mantel bulu]
bontjasje (het)	jaket bulu	[dʒʲaket bulu]
donzen jas (de)	jaket bulu halus	[dʒʲaket bulu halus]
jasje (bijv. een leren ~)	jaket	[dʒʲaket]
regenjas (de)	jas hujan	[dʒʲas hudʒʲan]
waterdicht (bn)	kedap air	[kedap air]

27. Heren & dames kleding

overhemd (het)	kemeja	[kemedʒʲa]
broek (de)	celana	[tʃelana]
jeans (de)	celana jins	[tʃelana dʒins]
colbert (de)	jas	[dʒʲas]
kostuum (het)	setelan	[setelan]
jurk (de)	gaun	[gaun]
rok (de)	rok	[roʔ]
blouse (de)	blus	[blus]
wollen vest (de)	jaket wol	[dʒʲaket wol]
blazer (kort jasje)	jaket	[dʒʲaket]
T-shirt (het)	baju kaus	[badʒʲu kaus]
shorts (mv.)	celana pendek	[tʃelana pendeʔ]
trainingspak (het)	pakaian olahraga	[pakajan olahraga]
badjas (de)	jubah mandi	[dʒʲubah mandi]
pyjama (de)	piyama	[piyama]
sweater (de)	sweter	[sweter]
pullover (de)	pulover	[pulover]
gilet (het)	rompi	[rompi]
rokkostuum (het)	jas berbuntut	[dʒʲas bərbuntut]
smoking (de)	jas malam	[dʒʲas malam]
uniform (het)	seragam	[seragam]
werkkleding (de)	pakaian kerja	[pakajan kerdʒʲa]
overall (de)	baju monyet	[badʒʲu monjet]
doktersjas (de)	jas	[dʒʲas]

28. Kleding. Ondergoed

ondergoed (het)	pakaian dalam	[pakajan dalam]
herenslip (de)	celana dalam lelaki	[tʃelana dalam lelaki]
slipjes (mv.)	celana dalam wanita	[tʃelana dalam wanita]
onderhemd (het)	singlet	[siŋlet]
sokken (mv.)	kaus kaki	[kaus kaki]
nachthemd (het)	baju tidur	[badʒʲu tidur]
beha (de)	beha	[beha]
kniekousen (mv.)	kaus kaki selutut	[kaus kaki selutut]
panty (de)	pantihos	[pantihos]
nylonkousen (mv.)	kaus kaki panjang	[kaus kaki pandʒʲaŋ]
badpak (het)	baju renang	[badʒʲu renaŋ]

29. Hoofddeksels

hoed (de)	topi	[topi]
deukhoed (de)	topi bulat	[topi bulat]
honkbalpet (de)	topi bisbol	[topi bisbol]
kleppet (de)	topi pet	[topi pet]
baret (de)	baret	[baret]
kap (de)	kerudung kepala	[keruduŋ kepala]
panamahoed (de)	topi panama	[topi panama]
gebreide muts (de)	topi rajut	[topi radʒʲut]
hoofddoek (de)	tudung kepala	[tuduŋ kepala]
dameshoed (de)	topi wanita	[topi wanita]
veiligheidshelm (de)	topi baja	[topi badʒʲa]
veldmuts (de)	topi lipat	[topi lipat]
helm, valhelm (de)	helm	[helm]
bolhoed (de)	topi bulat	[topi bulat]
hoge hoed (de)	topi tinggi	[topi tiŋgi]

30. Schoeisel

schoeisel (het)	sepatu	[sepatu]
schoenen (mv.)	sepatu bot	[sepatu bot]
vrouwenschoenen (mv.)	sepatu wanita	[sepatu wanita]
laarzen (mv.)	sepatu lars	[sepatu lars]
pantoffels (mv.)	pantofel	[pantofel]
sportschoenen (mv.)	sepatu tenis	[sepatu tenis]
sneakers (mv.)	sepatu kets	[sepatu kets]
sandalen (mv.)	sandal	[sandal]
schoenlapper (de)	tukang sepatu	[tukaŋ sepatu]
hiel (de)	tumit	[tumit]

paar (een ~ schoenen)	sepasang	[sepasaŋ]
veter (de)	tali sepatu	[tali sepatu]
rijgen (schoenen ~)	mengikat tali	[məŋikat tali]
schoenlepel (de)	sendok sepatu	[sendoʔ sepatu]
schoensmeer (de/het)	semir sepatu	[semir sepatu]

31. Persoonlijke accessoires

handschoenen (mv.)	sarung tangan	[saruŋ taŋan]
wanten (mv.)	sarung tangan	[saruŋ taŋan]
sjaal (fleece ~)	selendang	[selendaŋ]

bril (de)	kacamata	[katʃamata]
brilmontuur (het)	bingkai	[biŋkaj]
paraplu (de)	payung	[pajuŋ]
wandelstok (de)	tongkat jalan	[toŋkat dʒˈalan]
haarborstel (de)	sikat rambut	[sikat rambut]
waaier (de)	kipas	[kipas]

das (de)	dasi	[dasi]
strikje (het)	dasi kupu-kupu	[dasi kupu-kupu]
bretels (mv.)	bretel	[bretel]
zakdoek (de)	sapu tangan	[sapu taŋan]

kam (de)	sisir	[sisir]
haarspeldje (het)	jepit rambut	[dʒˈepit rambut]
schuifspeldje (het)	harnal	[harnal]
gesp (de)	gesper	[gesper]

| broekriem (de) | sabuk | [sabuʔ] |
| draagriem (de) | tali tas | [tali tas] |

handtas (de)	tas	[tas]
damestas (de)	tas tangan	[tas taŋan]
rugzak (de)	ransel	[ransel]

32. Kleding. Diversen

mode (de)	mode	[mode]
de mode (bn)	modis	[modis]
kledingstilist (de)	perancang busana	[perantʃaŋ busana]

kraag (de)	kerah	[kerah]
zak (de)	saku	[saku]
zak- (abn)	saku	[saku]
mouw (de)	lengan	[leŋan]
lusje (het)	tali kait	[tali kait]
gulp (de)	golbi	[golbi]

rits (de)	ritsleting	[ritsletiŋ]
sluiting (de)	kancing	[kantʃiŋ]
knoop (de)	kancing	[kantʃiŋ]

knoopsgat (het)	lubang kancing	[luban kantʃin]
losraken (bijv. knopen)	terlepas	[tərlepas]
naaien (kleren, enz.)	menjahit	[məndʒˈahit]
borduren (ww)	membordir	[membordir]
borduursel (het)	bordiran	[bordiran]
naald (de)	jarum	[dʒˈarum]
draad (de)	benang	[benaŋ]
naad (de)	setik	[setiʔ]
vies worden (ww)	kena kotor	[kena kotor]
vlek (de)	bercak	[bertʃaʔ]
gekreukt raken (ov. kleren)	kumal	[kumal]
scheuren (ov.ww.)	merobek	[merobeʔ]
mot (de)	ngengat	[ŋeŋat]

33. Persoonlijke verzorging. Schoonheidsmiddelen

tandpasta (de)	pasta gigi	[pasta gigi]
tandenborstel (de)	sikat gigi	[sikat gigi]
tanden poetsen (ww)	menggosok gigi	[məŋgosoʔ gigi]
scheermes (het)	pisau cukur	[pisau tʃukur]
scheerschuim (het)	krim cukur	[krim tʃukur]
zich scheren (ww)	bercukur	[bərtʃukur]
zeep (de)	sabun	[sabun]
shampoo (de)	sampo	[sampo]
schaar (de)	gunting	[guntiŋ]
nagelvijl (de)	kikir kuku	[kikir kuku]
nagelknipper (de)	pemotong kuku	[pemotoŋ kuku]
pincet (het)	pinset	[pinset]
cosmetica (de)	kosmetik	[kosmetiʔ]
masker (het)	masker	[masker]
manicure (de)	manikur	[manikur]
manicure doen	melakukan manikur	[melakukan manikur]
pedicure (de)	pedi	[pedi]
cosmetica tasje (het)	tas kosmetik	[tas kosmetiʔ]
poeder (de/het)	bedak	[bedaʔ]
poederdoos (de)	kotak bedak	[kotaʔ bedaʔ]
rouge (de)	perona pipi	[pərona pipi]
parfum (de/het)	parfum	[parfum]
eau de toilet (de)	minyak wangi	[minjaʔ waŋi]
lotion (de)	losion	[losjon]
eau de cologne (de)	kolonye	[kolone]
oogschaduw (de)	pewarna mata	[pewarna mata]
oogpotlood (het)	pensil alis	[pensil alis]
mascara (de)	celak	[tʃelaʔ]
lippenstift (de)	lipstik	[lipstiʔ]

nagellak (de)	kuteks, cat kuku	[kuteks], [tʃat kuku]
haarlak (de)	semprotan rambut	[semprotan rambut]
deodorant (de)	deodoran	[deodoran]
crème (de)	krim	[krim]
gezichtscrème (de)	krim wajah	[krim wadʒʲah]
handcrème (de)	krim tangan	[krim taŋan]
antirimpelcrème (de)	krim antikerut	[krim antikerut]
dagcrème (de)	krim siang	[krim siaŋ]
nachtcrème (de)	krim malam	[krim malam]
dag- (abn)	siang	[siaŋ]
nacht- (abn)	malam	[malam]
tampon (de)	tampon	[tampon]
toiletpapier (het)	kertas toilet	[kertas toylet]
föhn (de)	pengering rambut	[peŋeriŋ rambut]

34. Horloges. Klokken

polshorloge (het)	arloji	[arlodʒi]
wijzerplaat (de)	piringan jam	[piriŋan dʒʲam]
wijzer (de)	jarum	[dʒʲarum]
metalen horlogeband (de)	rantai arloji	[rantaj arlodʒi]
horlogebandje (het)	tali arloji	[tali arlodʒi]
batterij (de)	baterai	[bateraj]
leeg zijn (ww)	mati	[mati]
batterij vervangen	mengganti baterai	[məŋganti bateraj]
voorlopen (ww)	cepat	[tʃepat]
achterlopen (ww)	terlambat	[tərlambat]
wandklok (de)	jam dinding	[dʒʲam dindiŋ]
zandloper (de)	jam pasir	[dʒʲam pasir]
zonnewijzer (de)	jam matahari	[dʒʲam matahari]
wekker (de)	weker	[weker]
horlogemaker (de)	tukang jam	[tukaŋ dʒʲam]
repareren (ww)	mereparasi, memperbaiki	[mereparasi], [memperbajki]

Voedsel. Voeding

35. Voedsel

vlees (het)	daging	[dagiŋ]
kip (de)	ayam	[ajam]
kuiken (het)	anak ayam	[ana' ajam]
eend (de)	bebek	[bebeʔ]
gans (de)	angsa	[aŋsa]
wild (het)	binatang buruan	[binataŋ buruan]
kalkoen (de)	kalkun	[kalkun]
varkensvlees (het)	daging babi	[dagiŋ babi]
kalfsvlees (het)	daging anak sapi	[dagiŋ ana' sapi]
schapenvlees (het)	daging domba	[dagiŋ domba]
rundvlees (het)	daging sapi	[dagiŋ sapi]
konijnenvlees (het)	kelinci	[kelintʃi]
worst (de)	sosis	[sosis]
saucijs (de)	sosis	[sosis]
spek (het)	bakon	[beykon]
ham (de)	ham, daging kornet	[ham], [dagiŋ kornet]
gerookte achterham (de)	ham	[ham]
paté, pastei (de)	pasta	[pasta]
lever (de)	hati	[hati]
gehakt (het)	daging giling	[dagiŋ giliŋ]
tong (de)	lidah	[lidah]
ei (het)	telur	[telur]
eieren (mv.)	telur	[telur]
eiwit (het)	putih telur	[putih telur]
eigeel (het)	kuning telur	[kuniŋ telur]
vis (de)	ikan	[ikan]
zeevruchten (mv.)	makanan laut	[makanan laut]
schaaldieren (mv.)	krustasea	[krustasea]
kaviaar (de)	caviar	[kaviar]
krab (de)	kepiting	[kepitiŋ]
garnaal (de)	udang	[udaŋ]
oester (de)	tiram	[tiram]
langoest (de)	lobster berduri	[lobster berduri]
octopus (de)	gurita	[gurita]
inktvis (de)	cumi-cumi	[tʃumi-tʃumi]
steur (de)	ikan sturgeon	[ikan sturdʒien]
zalm (de)	salmon	[salmon]
heilbot (de)	ikan turbot	[ikan turbot]
kabeljauw (de)	ikan kod	[ikan kod]

makreel (de)	ikan kembung	[ikan kembuŋ]
tonijn (de)	tuna	[tuna]
paling (de)	belut	[belut]
forel (de)	ikan forel	[ikan forel]
sardine (de)	sarden	[sarden]
snoek (de)	ikan pike	[ikan paik]
haring (de)	ikan haring	[ikan hariŋ]
brood (het)	roti	[roti]
kaas (de)	keju	[kedʒʲu]
suiker (de)	gula	[gula]
zout (het)	garam	[garam]
rijst (de)	beras, nasi	[beras], [nasi]
pasta (de)	makaroni	[makaroni]
noedels (mv.)	mi	[mi]
boter (de)	mentega	[mɘntega]
plantaardige olie (de)	minyak nabati	[minjaʔ nabati]
zonnebloemolie (de)	minyak bunga matahari	[minjaʔ buŋa matahari]
margarine (de)	margarin	[margarin]
olijven (mv.)	buah zaitun	[buah zajtun]
olijfolie (de)	minyak zaitun	[minjaʔ zajtun]
melk (de)	susu	[susu]
gecondenseerde melk (de)	susu kental	[susu kental]
yoghurt (de)	yogurt	[yogurt]
zure room (de)	krim asam	[krim asam]
room (de)	krim, kepala susu	[krim], [kepala susu]
mayonaise (de)	mayones	[majones]
crème (de)	krim	[krim]
graan (het)	menir	[menir]
meel (het), bloem (de)	tepung	[tepuŋ]
conserven (mv.)	makanan kalengan	[makanan kaleŋan]
maïsvlokken (mv.)	emping jagung	[empiŋ dʒʲagun]
honing (de)	madu	[madu]
jam (de)	selai	[selaj]
kauwgom (de)	permen karet	[pɘrmen karet]

36. Drankjes

water (het)	air	[air]
drinkwater (het)	air minum	[air minum]
mineraalwater (het)	air mineral	[air mineral]
zonder gas	tanpa gas	[tanpa gas]
koolzuurhoudend (bn)	berkarbonasi	[bɘrkarbonasi]
bruisend (bn)	bergas	[bɘrgas]
IJs (het)	es	[es]

met ijs	dengan es	[deɲan es]
alcohol vrij (bn)	tanpa alkohol	[tanpa alkohol]
alcohol vrije drank (de)	minuman ringan	[minuman riŋan]
frisdrank (de)	minuman penygar	[minuman penigar]
limonade (de)	limun	[limun]
alcoholische dranken (mv.)	minoman beralkohol	[minoman beralkohol]
wijn (de)	anggur	[aŋgur]
witte wijn (de)	anggur putih	[aŋgur putih]
rode wijn (de)	anggur merah	[aŋgur merah]
likeur (de)	likeur	[likeur]
champagne (de)	sampanye	[sampanje]
vermout (de)	vermouth	[vermut]
whisky (de)	wiski	[wiski]
wodka (de)	vodka	[vodka]
gin (de)	jin, jenewer	[dʒin], [dʒʲenewer]
cognac (de)	konyak	[konjaʔ]
rum (de)	rum	[rum]
koffie (de)	kopi	[kopi]
zwarte koffie (de)	kopi pahit	[kopi pahit]
koffie (de) met melk	kopi susu	[kopi susu]
cappuccino (de)	cappuccino	[kaputʃino]
oploskoffie (de)	kopi instan	[kopi instan]
melk (de)	susu	[susu]
cocktail (de)	koktail	[koktajl]
milkshake (de)	susu kocok	[susu kotʃoʔ]
sap (het)	jus	[dʒʲus]
tomatensap (het)	jus tomat	[dʒʲus tomat]
sinaasappelsap (het)	jus jeruk	[dʒʲus dʒʲeruʔ]
vers geperst sap (het)	jus peras	[dʒʲus peras]
bier (het)	bir	[bir]
licht bier (het)	bir putih	[bir putih]
donker bier (het)	bir hitam	[bir hitam]
thee (de)	teh	[teh]
zwarte thee (de)	teh hitam	[teh hitam]
groene thee (de)	teh hijau	[teh hidʒʲau]

37. Groenten

groenten (mv.)	sayuran	[sajuran]
verse kruiden (mv.)	sayuran hijau	[sajuran hidʒʲau]
tomaat (de)	tomat	[tomat]
augurk (de)	mentimun, ketimun	[məntimun], [ketimun]
wortel (de)	wortel	[wortel]
aardappel (de)	kentang	[kentaŋ]
ui (de)	bawang	[bawaŋ]

knoflook (de)	bawang putih	[bawaŋ putih]
kool (de)	kol	[kol]
bloemkool (de)	kembang kol	[kembaŋ kol]
spruitkool (de)	kol Brussels	[kol brusels]
broccoli (de)	brokoli	[brokoli]
rode biet (de)	ubi bit merah	[ubi bit merah]
aubergine (de)	terung, terong	[teruŋ], [teroŋ]
courgette (de)	labu siam	[labu siam]
pompoen (de)	labu	[labu]
raap (de)	turnip	[turnip]
peterselie (de)	peterseli	[peterseli]
dille (de)	adas sowa	[adas sowa]
sla (de)	selada	[selada]
selderij (de)	seledri	[seledri]
asperge (de)	asparagus	[asparagus]
spinazie (de)	bayam	[bajam]
erwt (de)	kacang polong	[katʃaŋ poloŋ]
bonen (mv.)	kacang-kacangan	[katʃaŋ-katʃaŋan]
maïs (de)	jagung	[dʒˈaguŋ]
boon (de)	kacang buncis	[katʃaŋ buntʃis]
peper (de)	cabai	[tʃabaj]
radijs (de)	radis	[radis]
artisjok (de)	artisyok	[artiʃoʔ]

38. Vruchten. Noten

vrucht (de)	buah	[buah]
appel (de)	apel	[apel]
peer (de)	pir	[pir]
citroen (de)	jeruk sitrun	[dʒˈeruʔ sitrun]
sinaasappel (de)	jeruk manis	[dʒˈeruʔ manis]
aardbei (de)	stroberi	[stroberi]
mandarijn (de)	jeruk mandarin	[dʒˈeruʔ mandarin]
pruim (de)	plum	[plum]
perzik (de)	persik	[persiʔ]
abrikoos (de)	aprikot	[aprikot]
framboos (de)	buah frambus	[buah frambus]
ananas (de)	nanas	[nanas]
banaan (de)	pisang	[pisaŋ]
watermeloen (de)	semangka	[semaŋka]
druif (de)	buah anggur	[buah aŋgur]
zure kers (de)	buah ceri asam	[buah tʃeri asam]
zoete kers (de)	buah ceri manis	[buah tʃeri manis]
meloen (de)	melon	[melon]
grapefruit (de)	jeruk Bali	[dʒˈeruʔ bali]
avocado (de)	avokad	[avokad]
papaja (de)	pepaya	[pepaja]

mango (de)	mangga	[maŋga]
granaatappel (de)	buah delima	[buah delima]
rode bes (de)	redcurrant	[redkaren]
zwarte bes (de)	blackcurrant	[ble'karen]
kruisbes (de)	buah arbei hijau	[buah arbei hidʒʲau]
bosbes (de)	buah bilberi	[buah bilberi]
braambes (de)	beri hitam	[beri hitam]
rozijn (de)	kismis	[kismis]
vijg (de)	buah ara	[buah ara]
dadel (de)	buah kurma	[buah kurma]
pinda (de)	kacang tanah	[katʃaŋ tanah]
amandel (de)	badam	[badam]
walnoot (de)	buah walnut	[buah walnut]
hazelnoot (de)	kacang hazel	[katʃaŋ hazel]
kokosnoot (de)	buah kelapa	[buah kelapa]
pistaches (mv.)	badam hijau	[badam hidʒʲau]

39. Brood. Snoep

suikerbakkerij (de)	kue-mue	[kue-mue]
brood (het)	roti	[roti]
koekje (het)	biskuit	[biskuit]
chocolade (de)	cokelat	[tʃokelat]
chocolade- (abn)	cokelat	[tʃokelat]
snoepje (het)	permen	[pərmen]
cakeje (het)	kue	[kue]
taart (bijv. verjaardags~)	kue tar	[kue tar]
pastei (de)	pai	[pai]
vulling (de)	inti	[inti]
confituur (de)	selai buah utuh	[selaj buah utuh]
marmelade (de)	marmelade	[marmelade]
wafel (de)	wafel	[wafel]
IJsje (het)	es krim	[es krim]
pudding (de)	puding	[pudiŋ]

40. Bereide gerechten

gerecht (het)	masakan, hidangan	[masakan], [hidaŋan]
keuken (bijv. Franse ~)	masakan	[masakan]
recept (het)	resep	[resep]
portie (de)	porsi	[porsi]
salade (de)	salada	[salada]
soep (de)	sup	[sup]
bouillon (de)	kaldu	[kaldu]
boterham (de)	roti lapis	[roti lapis]

spiegelei (het)	telur mata sapi	[telur mata sapi]
hamburger (de)	hamburger	[hamburger]
biefstuk (de)	bistik	[bistiʔ]
garnering (de)	lauk	[lauʔ]
spaghetti (de)	spageti	[spageti]
aardappelpuree (de)	kentang tumbuk	[kentaŋ tumbuʔ]
pizza (de)	piza	[piza]
pap (de)	bubur	[bubur]
omelet (de)	telur dadar	[telur dadar]
gekookt (in water)	rebus	[rebus]
gerookt (bn)	asap	[asap]
gebakken (bn)	goreng	[goreŋ]
gedroogd (bn)	kering	[keriŋ]
diepvries (bn)	beku	[beku]
gemarineerd (bn)	marinade	[marinade]
zoet (bn)	manis	[manis]
gezouten (bn)	asin	[asin]
koud (bn)	dingin	[diŋin]
heet (bn)	panas	[panas]
bitter (bn)	pahit	[pahit]
lekker (bn)	enak	[enaʔ]
koken (in kokend water)	merebus	[merebus]
bereiden (avondmaaltijd ~)	memasak	[memasaʔ]
bakken (ww)	menggoreng	[məŋgoreŋ]
opwarmen (ww)	memanaskan	[memanaskan]
zouten (ww)	menggarami	[məŋgarami]
peperen (ww)	membubuh merica	[membubuh meritʃa]
raspen (ww)	memarut	[memarut]
schil (de)	kulit	[kulit]
schillen (ww)	mengupas	[məŋupas]

41. Kruiden

zout (het)	garam	[garam]
gezouten (bn)	asin	[asin]
zouten (ww)	menggarami	[məŋgarami]
zwarte peper (de)	merica	[meritʃa]
rode peper (de)	cabai merah	[tʃabaj merah]
mosterd (de)	mustar	[mustar]
mierikswortel (de)	lobak pedas	[lobaʔ pedas]
condiment (het)	bumbu	[bumbu]
specerij, kruiderij (de)	rempah-rempah	[rempah-rempah]
saus (de)	saus	[saus]
azijn (de)	cuka	[tʃuka]
anijs (de)	adas manis	[adas manis]
basilicum (de)	selasih	[selasih]

kruidnagel (de)	cengkih	[tʃeŋkih]
gember (de)	jahe	[dʒˈahe]
koriander (de)	ketumbar	[ketumbar]
kaneel (de/het)	kayu manis	[kaju manis]
sesamzaad (het)	wijen	[widʒˈen]
laurierblad (het)	daun salam	[daun salam]
paprika (de)	cabai	[tʃabaj]
komijn (de)	jintan	[dʒintan]
saffraan (de)	kuma-kuma	[kuma-kuma]

42. Maaltijden

eten (het)	makanan	[makanan]
eten (ww)	makan	[makan]
ontbijt (het)	makan pagi, sarapan	[makan pagi], [sarapan]
ontbijten (ww)	sarapan	[sarapan]
lunch (de)	makan siang	[makan siaŋ]
lunchen (ww)	makan siang	[makan siaŋ]
avondeten (het)	makan malam	[makan malam]
souperen (ww)	makan malam	[makan malam]
eetlust (de)	nafsu makan	[nafsu makan]
Eet smakelijk!	Selamat makan!	[selamat makan!]
openen (een fles ~)	membuka	[membuka]
morsen (koffie, enz.)	menumpahkan	[mənumpahkan]
koken (water kookt bij 100°C)	mendidih	[məndidih]
koken (Hoe om water te ~)	mendidihkan	[məndidihkan]
gekookt (~ water)	masak	[masaʔ]
afkoelen (koeler maken)	mendinginkan	[məndiŋinkan]
afkoelen (koeler worden)	mendingin	[məndiŋin]
smaak (de)	rasa	[rasa]
nasmaak (de)	nuansa rasa	[nuansa rasa]
volgen een dieet	berdiet	[berdiet]
dieet (het)	diet, pola makan	[diet], [pola makan]
vitamine (de)	vitamin	[vitamin]
calorie (de)	kalori	[kalori]
vegetariër (de)	vegetarian	[vegetarian]
vegetarisch (bn)	vegetarian	[vegetarian]
vetten (mv.)	lemak	[lemaʔ]
eiwitten (mv.)	protein	[protein]
koolhydraten (mv.)	karbohidrat	[karbohidrat]
snede (de)	irisan	[irisan]
stuk (bijv. een ~ taart)	potongan	[potoŋan]
kruimel (de)	remah	[remah]

43. Tafelschikking

lepel (de)	**sendok**	[sendo"]
mes (het)	**pisau**	[pisau]
vork (de)	**garpu**	[garpu]
kopje (het)	**cangkir**	[tʃaŋkir]
bord (het)	**piring**	[piriŋ]
schoteltje (het)	**alas cangkir**	[alas tʃaŋkir]
servet (het)	**serbet**	[serbet]
tandenstoker (de)	**tusuk gigi**	[tusu' gigi]

44. Restaurant

restaurant (het)	**restoran**	[restoran]
koffiehuis (het)	**warung kopi**	[waruŋ kopi]
bar (de)	**bar**	[bar]
tearoom (de)	**warung teh**	[waruŋ teh]
kelner, ober (de)	**pelayan lelaki**	[pelajan lelaki]
serveerster (de)	**pelayan perempuan**	[pelajan perempuan]
barman (de)	**pelayan bar**	[pelajan bar]
menu (het)	**menu**	[menu]
wijnkaart (de)	**daftar anggur**	[daftar aŋgur]
een tafel reserveren	**memesan meja**	[memesan medʒia]
gerecht (het)	**masakan, hidangan**	[masakan], [hidaŋan]
bestellen (eten ~)	**memesan**	[memesan]
een bestelling maken	**memesan**	[memesan]
aperitief (de/het)	**aperitif**	[aperitif]
voorgerecht (het)	**makanan ringan**	[makanan riŋan]
dessert (het)	**hidangan penutup**	[hidaŋan penutup]
rekening (de)	**bon**	[bon]
de rekening betalen	**membayar bon**	[membajar bon]
wisselgeld teruggeven	**memberikan uang kembalian**	[memberikan uaŋ kembalian]
fooi (de)	**tip**	[tip]

Familie, verwanten en vrienden

45. Persoonlijke informatie. Formulieren

naam (de)	nama, nama depan	[nama], [nama depan]
achternaam (de)	nama keluarga	[nama keluarga]
geboortedatum (de)	tanggal lahir	[taŋgal lahir]
geboorteplaats (de)	tempat lahir	[tempat lahir]
nationaliteit (de)	kebangsaan	[kebaŋsa'an]
woonplaats (de)	tempat tinggal	[tempat tiŋgal]
land (het)	negara, negeri	[negara], [negeri]
beroep (het)	profesi	[profesi]
geslacht (ov. het vrouwelijk ~)	jenis kelamin	[dʒienis kelamin]
lengte (de)	tinggi badan	[tiŋgi badan]
gewicht (het)	berat	[berat]

46. Familieleden. Verwanten

moeder (de)	ibu	[ibu]
vader (de)	ayah	[ajah]
zoon (de)	anak lelaki	[ana' lelaki]
dochter (de)	anak perempuan	[ana' perempuan]
jongste dochter (de)	anak perempuan bungsu	[ana' perempuan buŋsu]
jongste zoon (de)	anak lelaki bungsu	[ana' lelaki buŋsu]
oudste dochter (de)	anak perempuan sulung	[ana' perempuan suluŋ]
oudste zoon (de)	anak lelaki sulung	[ana' lelaki suluŋ]
broer (de)	saudara lelaki	[saudara lelaki]
oudere broer (de)	kakak lelaki	[kaka' lelaki]
jongere broer (de)	adik lelaki	[adi' lelaki]
zuster (de)	saudara perempuan	[saudara perempuan]
oudere zuster (de)	kakak perempuan	[kaka' perempuan]
jongere zuster (de)	adik perempuan	[adi' perempuan]
neef (zoon van oom, tante)	sepupu lelaki	[sepupu lelaki]
nicht (dochter van oom, tante)	sepupu perempuan	[sepupu perempuan]
mama (de)	mama, ibu	[mama], [ibu]
papa (de)	papa, ayah	[papa], [ajah]
ouders (mv.)	orang tua	[oraŋ tua]
kind (het)	anak	[ana']
kinderen (mv.)	anak-anak	[ana'-ana']
oma (de)	nenek	[nene']
opa (de)	kakek	[kake']

kleinzoon (de)	cucu laki-laki	[tʃutʃu laki-laki]
kleindochter (de)	cucu perempuan	[tʃutʃu pərempuan]
kleinkinderen (mv.)	cucu	[tʃutʃu]
oom (de)	paman	[paman]
tante (de)	bibi	[bibi]
neef (zoon van broer, zus)	keponakan laki-laki	[keponakan laki-laki]
nicht (dochter van broer, zus)	keponakan perempuan	[keponakan perempuan]
schoonmoeder (de)	ibu mertua	[ibu mertua]
schoonvader (de)	ayah mertua	[ajah mertua]
schoonzoon (de)	menantu laki-laki	[mənantu laki-laki]
stiefmoeder (de)	ibu tiri	[ibu tiri]
stiefvader (de)	ayah tiri	[ajah tiri]
zuigeling (de)	bayi	[baji]
wiegenkind (het)	bayi	[baji]
kleuter (de)	bocah cilik	[botʃah tʃili']
vrouw (de)	istri	[istri]
man (de)	suami	[suami]
echtgenoot (de)	suami	[suami]
echtgenote (de)	istri	[istri]
gehuwd (mann.)	menikah, beristri	[mənikah], [bəristri]
gehuwd (vrouw.)	menikah, bersuami	[mənikah], [bərsuami]
ongehuwd (mann.)	bujang	[budʒʲaŋ]
vrijgezel (de)	bujang	[budʒʲaŋ]
gescheiden (bn)	bercerai	[bərtʃeraj]
weduwe (de)	janda	[dʒʲanda]
weduwnaar (de)	duda	[duda]
familielid (het)	kerabat	[kerabat]
dichte familielid (het)	kerabat dekat	[kerabat dekat]
verre familielid (het)	kerabat jauh	[kerabat dʒʲauh]
familieleden (mv.)	kerabat, sanak saudara	[kerabat], [sana' saudara]
wees (de), weeskind (het)	yatim piatu	[yatim piatu]
voogd (de)	wali	[wali]
adopteren (een jongen te ~)	mengadopsi	[məŋadopsi]
adopteren (een meisje te ~)	mengadopsi	[məŋadopsi]

Geneeskunde

47. Ziekten

ziekte (de)	penyakit	[penjakit]
ziek zijn (ww)	sakit	[sakit]
gezondheid (de)	kesehatan	[kesehatan]
snotneus (de)	hidung meler	[hiduŋ meler]
angina (de)	radang tonsil	[radaŋ tonsil]
verkoudheid (de)	pilek, selesma	[pilek], [selesma]
verkouden raken (ww)	masuk angin	[masuʔ aŋin]
bronchitis (de)	bronkitis	[bronkitis]
longontsteking (de)	radang paru-paru	[radaŋ paru-paru]
griep (de)	flu	[flu]
bijziend (bn)	rabun jauh	[rabun dʒʲauh]
verziend (bn)	rabun dekat	[rabun dekat]
scheelheid (de)	mata juling	[mata dʒʲuliŋ]
scheel (bn)	bermata juling	[bərmata dʒʲuliŋ]
grauwe staar (de)	katarak	[kataraʔ]
glaucoom (het)	glaukoma	[glaukoma]
beroerte (de)	stroke	[stroke]
hartinfarct (het)	infark	[infarʔ]
myocardiaal infarct (het)	serangan jantung	[seraŋan dʒʲantuŋ]
verlamming (de)	kelumpuhan	[kelumpuhan]
verlammen (ww)	melumpuhkan	[melumpuhkan]
allergie (de)	alergi	[alergi]
astma (de/het)	asma	[asma]
diabetes (de)	diabetes	[diabetes]
tandpijn (de)	sakit gigi	[sakit gigi]
tandbederf (het)	karies	[karies]
diarree (de)	diare	[diare]
constipatie (de)	konstipasi, sembelit	[konstipasi], [sembelit]
maagstoornis (de)	gangguan pencernaan	[gaŋuan pentʃarnaʔan]
voedselvergiftiging (de)	keracunan makanan	[keratʃunan makanan]
voedselvergiftiging oplopen	keracunan makanan	[keratʃunan makanan]
artritis (de)	artritis	[artritis]
rachitis (de)	rakitis	[rakitis]
reuma (het)	rematik	[rematiʔ]
arteriosclerose (de)	aterosklerosis	[aterosklerosis]
gastritis (de)	radang perut	[radaŋ pərut]
blindedarmontsteking (de)	apendisitis	[apendisitis]

galblaasontsteking (de)	radang pundi empedu	[radaŋ pundi empedu]
zweer (de)	tukak lambung	[tuka' lambuŋ]
mazelen (mv.)	penyakit campak	[penjakit tʃampa']
rodehond (de)	penyakit campak Jerman	[penjakit tʃampa' dʒˈerman]
geelzucht (de)	sakit kuning	[sakit kuniŋ]
leverontsteking (de)	hepatitis	[hepatitis]
schizofrenie (de)	skizofrenia	[skizofrenia]
dolheid (de)	rabies	[rabies]
neurose (de)	neurosis	[neurosis]
hersenschudding (de)	gegar otak	[gegar ota']
kanker (de)	kanker	[kanker]
sclerose (de)	sklerosis	[sklerosis]
multiple sclerose (de)	sklerosis multipel	[sklerosis multipel]
alcoholisme (het)	alkoholisme	[alkoholisme]
alcoholicus (de)	alkoholik	[alkoholi']
syfilis (de)	sifilis	[sifilis]
AIDS (de)	AIDS	[ajds]
tumor (de)	tumor	[tumor]
kwaadaardig (bn)	ganas	[ganas]
goedaardig (bn)	jinak	[dʒina']
koorts (de)	demam	[demam]
malaria (de)	malaria	[malaria]
gangreen (het)	gangren	[gaŋren]
zeeziekte (de)	mabuk laut	[mabu' laut]
epilepsie (de)	epilepsi	[epilepsi]
epidemie (de)	epidemi	[epidemi]
tyfus (de)	tifus	[tifus]
tuberculose (de)	tuberkulosis	[tuberkulosis]
cholera (de)	kolera	[kolera]
pest (de)	penyakit pes	[penjakit pes]

48. Symptomen. Behandelingen. Deel 1

symptoom (het)	gejala	[gedʒˈala]
temperatuur (de)	temperatur, suhu	[temperatur], [suhu]
verhoogde temperatuur (de)	temperatur tinggi	[temperatur tiŋgi]
polsslag (de)	denyut nadi	[denyut nadi]
duizeling (de)	rasa pening	[rasa peniŋ]
heet (erg warm)	panas	[panas]
koude rillingen (mv.)	menggigil	[məŋgigil]
bleek (bn)	pucat	[putʃat]
hoest (de)	batuk	[batu']
hoesten (ww)	batuk	[batu']
niezen (ww)	bersin	[bersin]
flauwte (de)	pingsan	[piŋsan]

flauwvallen (ww)	jatuh pingsan	[dʒatuh piŋsan]
blauwe plek (de)	luka memar	[luka memar]
buil (de)	bengkak	[beŋka']
zich stoten (ww)	terantuk	[tərantu']
kneuzing (de)	luka memar	[luka memar]
kneuzen (gekneusd zijn)	kena luka memar	[kena luka memar]
hinken (ww)	pincang	[pintʃaŋ]
verstuiking (de)	keseleo	[keseleo]
verstuiken (enkel, enz.)	keseleo	[keseleo]
breuk (de)	fraktura, patah tulang	[fraktura], [patah tulaŋ]
een breuk oplopen	patah tulang	[patah tulaŋ]
snijwond (de)	teriris	[təriris]
zich snijden (ww)	teriris	[təriris]
bloeding (de)	perdarahan	[pərdarahan]
brandwond (de)	luka bakar	[luka bakar]
zich branden (ww)	menderita luka bakar	[mənderita luka bakar]
prikken (ww)	menusuk	[mənusu']
zich prikken (ww)	tertusuk	[tərtusu']
blesseren (ww)	melukai	[melukaj]
blessure (letsel)	cedera	[tʃedera]
wond (de)	luka	[luka]
trauma (het)	trauma	[trauma]
IJlen (ww)	mengigau	[məŋigau]
stotteren (ww)	gagap	[gagap]
zonnesteek (de)	sengatan matahari	[seŋatan matahari]

49. Symptomen. Behandelingen. Deel 2

pijn (de)	sakit	[sakit]
splinter (de)	selumbar	[selumbar]
zweet (het)	keringat	[keriŋat]
zweten (ww)	berkeringat	[bərkeriŋat]
braking (de)	muntah	[muntah]
stuiptrekkingen (mv.)	kram	[kram]
zwanger (bn)	hamil	[hamil]
geboren worden (ww)	lahir	[lahir]
geboorte (de)	persalinan	[pərsalinan]
baren (ww)	melahirkan	[melahirkan]
abortus (de)	aborsi	[aborsi]
ademhaling (de)	pernapasan	[pərnapasan]
inademing (de)	tarikan napas	[tarikan napas]
uitademing (de)	napas keluar	[napas keluar]
uitademen (ww)	mengembuskan napas	[məŋembuskan napas]
inademen (ww)	menarik napas	[mənari' napas]
invalide (de)	penderita cacat	[penderita tʃatʃat]
gehandicapte (de)	penderita cacat	[penderita tʃatʃat]

drugsverslaafde (de)	pecandu narkoba	[petʃandu narkoba]
doof (bn)	tunarungu	[tunaruŋu]
stom (bn)	tunawicara	[tunawitʃara]
doofstom (bn)	tunarungu-wicara	[tunaruŋu-witʃara]
krankzinnig (bn)	gila	[gila]
krankzinnige (man)	lelaki gila	[lelaki gila]
krankzinnige (vrouw)	perempuan gila	[pərempuan gila]
krankzinnig worden	menggila	[məŋgila]
gen (het)	gen	[gen]
immuniteit (de)	imunitas	[imunitas]
erfelijk (bn)	turun-temurun	[turun-temurun]
aangeboren (bn)	bawaan	[bawa'an]
virus (het)	virus	[virus]
microbe (de)	mikroba	[mikroba]
bacterie (de)	bakteri	[bakteri]
infectie (de)	infeksi	[infeksi]

50. Symptomen. Behandelingen. Deel 3

ziekenhuis (het)	rumah sakit	[rumah sakit]
patiënt (de)	pasien	[pasien]
diagnose (de)	diagnosis	[diagnosis]
genezing (de)	perawatan	[pərawatan]
medische behandeling (de)	pengobatan medis	[peŋobatan medis]
onder behandeling zijn	berobat	[bərobat]
behandelen (ww)	merawat	[merawat]
zorgen (zieken ~)	merawat	[merawat]
ziekenzorg (de)	pengasuhan	[peŋasuhan]
operatie (de)	operasi, pembedahan	[operasi], [pembedahan]
verbinden (een arm ~)	membalut	[membalut]
verband (het)	pembalutan	[pembalutan]
vaccin (het)	vaksinasi	[vaksinasi]
inenten (vaccineren)	memvaksinasi	[memvaksinasi]
injectie (de)	suntikan	[suntikan]
een injectie geven	menyuntik	[mənyunti']
aanval (de)	serangan	[seraŋan]
amputatie (de)	amputasi	[amputasi]
amputeren (ww)	mengamputasi	[məŋamputasi]
coma (het)	koma	[koma]
in coma liggen	dalam keadaan koma	[dalam keada'an koma]
intensieve zorg, ICU (de)	perawatan intensif	[pərawatan intensif]
zich herstellen (ww)	sembuh	[sembuh]
toestand (de)	keadaan	[keada'an]
bewustzijn (het)	kesadaran	[kesadaran]
geheugen (het)	memori, daya ingat	[memori], [daja iŋat]
trekken (een kies ~)	mencabut	[məntʃabut]

| vulling (de) | tambalan | [tambalan] |
| vullen (ww) | menambal | [mənambal] |

| hypnose (de) | hipnosis | [hipnosis] |
| hypnotiseren (ww) | menghipnosis | [məŋhipnosis] |

51. Artsen

dokter, arts (de)	dokter	[dokter]
ziekenzuster (de)	suster, juru rawat	[suster], [dʒˈuru rawat]
lijfarts (de)	dokter pribadi	[dokter pribadi]

tandarts (de)	dokter gigi	[dokter gigi]
oogarts (de)	dokter mata	[dokter mata]
therapeut (de)	ahli penyakit dalam	[ahli penjakit dalam]
chirurg (de)	dokter bedah	[dokter bedah]

psychiater (de)	psikiater	[psikiater]
pediater (de)	dokter anak	[dokter anaʔ]
psycholoog (de)	psikolog	[psikolog]
gynaecoloog (de)	ginekolog	[ginekolog]
cardioloog (de)	kardiolog	[kardiolog]

52. Geneeskunde. Medicijnen. Accessoires

geneesmiddel (het)	obat	[obat]
middel (het)	obat	[obat]
voorschrijven (ww)	meresepkan	[meresepkan]
recept (het)	resep	[resep]

tablet (de/het)	pil, tablet	[pil], [tablet]
zalf (de)	salep	[salep]
ampul (de)	ampul	[ampul]
drank (de)	obat cair	[obat tʃajr]
siroop (de)	sirop	[sirop]
pil (de)	pil	[pil]
poeder (de/het)	bubuk	[bubuʔ]

verband (het)	perban	[perban]
watten (mv.)	kapas	[kapas]
jodium (het)	iodium	[iodium]

pleister (de)	plester obat	[plester obat]
pipet (de)	tetes mata	[tetes mata]
thermometer (de)	termometer	[tərmometer]
spuit (de)	alat suntik	[alat suntiʔ]

| rolstoel (de) | kursi roda | [kursi roda] |
| krukken (mv.) | kruk | [kruʔ] |

| pijnstiller (de) | obat bius | [obat bius] |
| laxeermiddel (het) | laksatif, obat pencuci perut | [laksatif], [obat pentʃutʃi pərut] |

spiritus (de)	**spiritus, alkohol**	[spiritus], [alkohol]
medicinale kruiden (mv.)	**tanaman obat**	[tanaman obat]
kruiden- (abn)	**herbal**	[herbal]

HET MENSELIJKE LEEFGEBIED

Stad

53. Stad. Het leven in de stad

stad (de)	kota	[kota]
hoofdstad (de)	ibu kota	[ibu kota]
dorp (het)	desa	[desa]
plattegrond (de)	peta kota	[peta kota]
centrum (ov. een stad)	pusat kota	[pusat kota]
voorstad (de)	pinggir kota	[piŋgir kota]
voorstads- (abn)	pinggir kota	[piŋgir kota]
randgemeente (de)	pinggir	[piŋgir]
omgeving (de)	daerah sekitarnya	[daerah sekitarnja]
blok (huizenblok)	blok	[blo^ʔ]
woonwijk (de)	blok perumahan	[blo^ʔ pərumahan]
verkeer (het)	lalu lintas	[lalu lintas]
verkeerslicht (het)	lampu lalu lintas	[lampu lalu lintas]
openbaar vervoer (het)	angkot	[aŋkot]
kruispunt (het)	persimpangan	[pərsimpaŋan]
zebrapad (oversteekplaats)	penyeberangan	[penjeberaŋan]
onderdoorgang (de)	terowongan penyeberangan	[tərowoŋan penjeberaŋan]
oversteken (de straat ~)	menyeberang	[mənjeberaŋ]
voetganger (de)	pejalan kaki	[pedʒʲalan kaki]
trottoir (het)	trotoar	[trotoar]
brug (de)	jembatan	[dʒʲembatan]
dijk (de)	tepi sungai	[tepi suŋaj]
fontein (de)	air mancur	[air mantʃur]
allee (de)	jalan kecil	[dʒʲalan ketʃil]
park (het)	taman	[taman]
boulevard (de)	bulevar, adimarga	[bulevar], [adimarga]
plein (het)	lapangan	[lapaŋan]
laan (de)	jalan raya	[dʒʲalan raja]
straat (de)	jalan	[dʒʲalan]
zijstraat (de)	gang	[gaŋ]
doodlopende straat (de)	jalan buntu	[dʒʲalan buntu]
huis (het)	rumah	[rumah]
gebouw (het)	gedung	[geduŋ]
wolkenkrabber (de)	pencakar langit	[pentʃakar laŋit]
gevel (de)	bagian depan	[bagian depan]

dak (het)	atap	[atap]
venster (het)	jendela	[dʒiendela]
boog (de)	lengkungan	[leŋkuŋan]
pilaar (de)	pilar	[pilar]
hoek (ov. een gebouw)	sudut	[sudut]
vitrine (de)	etalase	[etalase]
gevelreclame (de)	papan nama	[papan nama]
affiche (de/het)	poster	[poster]
reclameposter (de)	poster iklan	[poster iklan]
aanplakbord (het)	papan iklan	[papan iklan]
vuilnis (de/het)	sampah	[sampah]
vuilnisbak (de)	tong sampah	[toŋ sampah]
afval weggooien (ww)	menyampah	[mənjampah]
stortplaats (de)	tempat pemrosesan akhir (TPA)	[tempat pemrosesan ahir]
telefooncel (de)	gardu telepon umum	[gardu telepon umum]
straatlicht (het)	tiang lampu	[tiaŋ lampu]
bank (de)	bangku	[baŋku]
politieagent (de)	polisi	[polisi]
politie (de)	polisi, kepolisian	[polisi], [kepolisian]
zwerver (de)	pengemis	[peŋemis]
dakloze (de)	tuna wisma	[tuna wisma]

54. Stedelijke instellingen

winkel (de)	toko	[toko]
apotheek (de)	apotek, toko obat	[apotek], [toko obat]
optiek (de)	optik	[optiʔ]
winkelcentrum (het)	toserba	[toserba]
supermarkt (de)	pasar swalayan	[pasar swalajan]
bakkerij (de)	toko roti	[toko roti]
bakker (de)	pembuat roti	[pembuat roti]
banketbakkerij (de)	toko kue	[toko kue]
kruidenier (de)	toko pangan	[toko paŋan]
slagerij (de)	toko daging	[toko dagiŋ]
groentewinkel (de)	toko sayur	[toko sajur]
markt (de)	pasar	[pasar]
koffiehuis (het)	warung kopi	[waruŋ kopi]
restaurant (het)	restoran	[restoran]
bar (de)	kedai bir	[kedaj bir]
pizzeria (de)	kedai piza	[kedaj piza]
kapperssalon (de/het)	salon rambut	[salon rambut]
postkantoor (het)	kantor pos	[kantor pos]
stomerij (de)	penatu kimia	[penatu kimia]
fotostudio (de)	studio foto	[studio foto]
schoenwinkel (de)	toko sepatu	[toko sepatu]

boekhandel (de)	toko buku	[toko buku]
sportwinkel (de)	toko alat olahraga	[toko alat olahraga]
kledingreparatie (de)	reparasi pakaian	[reparasi pakajan]
kledingverhuur (de)	rental pakaian	[rental pakajan]
videotheek (de)	rental film	[rental film]
circus (de/het)	sirkus	[sirkus]
dierentuin (de)	kebun binatang	[kebun binataŋ]
bioscoop (de)	bioskop	[bioskop]
museum (het)	museum	[museum]
bibliotheek (de)	perpustakaan	[pərpustaka'an]
theater (het)	teater	[teater]
opera (de)	opera	[opera]
nachtclub (de)	klub malam	[klub malam]
casino (het)	kasino	[kasino]
moskee (de)	masjid	[masdʒid]
synagoge (de)	sinagoga, kanisah	[sinagoga], [kanisah]
kathedraal (de)	katedral	[katedral]
tempel (de)	kuil, candi	[kuil], [tʃandi]
kerk (de)	gereja	[geredʒ'a]
instituut (het)	institut, perguruan tinggi	[institut], [pərguruan tiŋgi]
universiteit (de)	universitas	[universitas]
school (de)	sekolah	[sekolah]
gemeentehuis (het)	prefektur, distrik	[prefektur], [distri']
stadhuis (het)	balai kota	[balaj kota]
hotel (het)	hotel	[hotel]
bank (de)	bank	[ban']
ambassade (de)	kedutaan besar	[keduta'an besar]
reisbureau (het)	kantor pariwisata	[kantor pariwisata]
informatieloket (het)	kantor penerangan	[kantor peneraŋan]
wisselkantoor (het)	kantor penukaran uang	[kantor penukaran uaŋ]
metro (de)	kereta api bawah tanah	[kereta api bawah tanah]
ziekenhuis (het)	rumah sakit	[rumah sakit]
benzinestation (het)	SPBU, stasiun bensin	[es-pe-be-u], [stasjun bensin]
parking (de)	tempat parkir	[tempat parkir]

55. Borden

gevelreclame (de)	papan nama	[papan nama]
opschrift (het)	tulisan	[tulisan]
poster (de)	poster	[poster]
wegwijzer (de)	penunjuk arah	[penundʒ'u' arah]
pijl (de)	anak panah	[ana' panah]
waarschuwing (verwittiging)	peringatan	[periŋatan]
waarschuwingsbord (het)	tanda peringatan	[tanda periŋatan]

waarschuwen (ww)	memperingatkan	[memperiŋatkan]
vrije dag (de)	hari libur	[hari libur]
dienstregeling (de)	jadwal	[dʒ'adwal]
openingsuren (mv.)	jam buka	[dʒ'am buka]
WELKOM!	SELAMAT DATANG!	[selamat dataŋ!]
INGANG	MASUK	[masuʔ]
UITGANG	KELUAR	[keluar]
DUWEN	DORONG	[doroŋ]
TREKKEN	TARIK	[tariʔ]
OPEN	BUKA	[buka]
GESLOTEN	TUTUP	[tutup]
DAMES	WANITA	[wanita]
HEREN	PRIA	[pria]
KORTING	DISKON	[diskon]
UITVERKOOP	OBRAL	[obral]
NIEUW!	BARU!	[baru!]
GRATIS	GRATIS	[gratis]
PAS OP!	PERHATIAN!	[pərhatian!]
VOLGEBOEKT	PENUH	[penuh]
GERESERVEERD	DIRESERVASI	[direservasi]
ADMINISTRATIE	ADMINISTRASI	[administrasi]
ALLEEN VOOR PERSONEEL	KHUSUS STAF	[husus staf]
GEVAARLIJKE HOND	AWAS, ANJING GALAK!	[awas], [andʒiŋ galaʔ!]
VERBODEN TE ROKEN!	DILARANG MEROKOK!	[dilaraŋ merokoʔ!]
NIET AANRAKEN!	JANGAN SENTUH!	[dʒ'aŋan sentuh!]
GEVAARLIJK	BERBAHAYA	[bərbahaja]
GEVAAR	BAHAYA	[bahaja]
HOOGSPANNING	TEGANGAN TINGGI	[tegaŋan tiŋgi]
VERBODEN TE ZWEMMEN	DILARANG BERENANG!	[dilaraŋ bərenaŋ!]
BUITEN GEBRUIK	RUSAK	[rusaʔ]
ONTVLAMBAAR	BAHAN MUDAH TERBAKAR	[bahan mudah tərbakar]
VERBODEN	DILARANG	[dilaraŋ]
DOORGANG VERBODEN	DILARANG MASUK!	[dilaraŋ masuʔ!]
OPGELET PAS GEVERFD	AWAS CAT BASAH	[awas tʃat basah]

56. Stedelijk vervoer

bus, autobus (de)	bus	[bus]
tram (de)	trem	[trem]
trolleybus (de)	bus listrik	[bus listriʔ]
route (de)	trayek	[traeʔ]
nummer (busnummer, enz.)	nomor	[nomor]
rijden met ...	naik ...	[naiʔ ...]

stappen (in de bus ~)	naik	[naiʔ]
afstappen (ww)	turun ...	[turun ...]
halte (de)	halte, pemberhentian	[halte], [pemberhentian]
volgende halte (de)	halte berikutnya	[halte berikutnja]
eindpunt (het)	halte terakhir	[halte terahir]
dienstregeling (de)	jadwal	[dʒʲadwal]
wachten (ww)	menunggu	[mənuŋgu]
kaartje (het)	tiket	[tiket]
reiskosten (de)	harga karcis	[harga kartʃis]
kassier (de)	kasir	[kasir]
kaartcontrole (de)	pemeriksaan tiket	[pemeriksaʔan tiket]
controleur (de)	kondektur	[kondektur]
te laat zijn (ww)	terlambat ...	[tərlambat ...]
missen (de bus ~)	ketinggalan	[ketiŋgalan]
zich haasten (ww)	tergesa-gesa	[tərgesa-gesa]
taxi (de)	taksi	[taksi]
taxichauffeur (de)	sopir taksi	[sopir taksi]
met de taxi (bw)	naik taksi	[naiʔ taksi]
taxistandplaats (de)	pangkalan taksi	[paŋkalan taksi]
een taxi bestellen	memanggil taksi	[memaŋgil taksi]
een taxi nemen	menaiki taksi	[mənajki taksi]
verkeer (het)	lalu lintas	[lalu lintas]
file (de)	kemacetan lalu lintas	[kematʃetan lalu lintas]
spitsuur (het)	jam sibuk	[dʒʲam sibuʔ]
parkeren (on.ww.)	parkir	[parkir]
parkeren (ov.ww.)	memarkir	[memarkir]
parking (de)	tempat parkir	[tempat parkir]
metro (de)	kereta api bawah tanah	[kereta api bawah tanah]
halte (bijv. kleine treinhalte)	stasiun	[stasiun]
de metro nemen	naik kereta api bawah tanah	[naiʔ kereta api bawah tanah]
trein (de)	kereta api	[kereta api]
station (treinstation)	stasiun kereta api	[stasiun kereta api]

57. Bezienswaardigheden

monument (het)	monumen, patung	[monumen], [patuŋ]
vesting (de)	benteng	[benteŋ]
paleis (het)	istana	[istana]
kasteel (het)	kastil	[kastil]
toren (de)	menara	[mənara]
mausoleum (het)	mausoleum	[mausoleum]
architectuur (de)	arsitektur	[arsitektur]
middeleeuws (bn)	abad pertengahan	[abad perteŋahan]
oud (bn)	kuno	[kuno]
nationaal (bn)	nasional	[nasional]

bekend (bn)	terkenal	[tərkenal]
toerist (de)	turis, wisatawan	[turis], [wisatawan]
gids (de)	pemandu wisata	[pemandu wisata]
rondleiding (de)	ekskursi	[ekskursi]
tonen (ww)	menunjukkan	[mənundʒʲuʔkan]
vertellen (ww)	menceritakan	[mənt͡ʃeritakan]
vinden (ww)	mendapatkan	[məndapatkan]
verdwalen (de weg kwijt zijn)	tersesat	[tərsesat]
plattegrond (~ van de metro)	denah	[denah]
plattegrond (~ van de stad)	peta	[peta]
souvenir (het)	suvenir	[suvenir]
souvenirwinkel (de)	toko suvenir	[toko suvenir]
een foto maken (ww)	memotret	[memotret]
zich laten fotograferen	berfoto	[bərfoto]

58. Winkelen

kopen (ww)	membeli	[membeli]
aankoop (de)	belanjaan	[belandʒʲaʔan]
winkelen (ww)	berbelanja	[bərbelandʒʲa]
winkelen (het)	berbelanja	[bərbelandʒʲa]
open zijn (ov. een winkel, enz.)	buka	[buka]
gesloten zijn (ww)	tutup	[tutup]
schoeisel (het)	sepatu	[sepatu]
kleren (mv.)	pakaian	[pakajan]
cosmetica (de)	kosmetik	[kosmetiʔ]
voedingswaren (mv.)	produk makanan	[produʔ makanan]
geschenk (het)	hadiah	[hadiah]
verkoper (de)	pramuniaga	[pramuniaga]
verkoopster (de)	pramuniaga perempuan	[pramuniaga perempuan]
kassa (de)	kas	[kas]
spiegel (de)	cermin	[t͡ʃermin]
toonbank (de)	konter	[konter]
paskamer (de)	kamar pas	[kamar pas]
aanpassen (ww)	mengepas	[məɲepas]
passen (ov. kleren)	pas, cocok	[pas], [t͡ʃot͡ʃoʔ]
bevallen (prettig vinden)	suka	[suka]
prijs (de)	harga	[harga]
prijskaartje (het)	label harga	[label harga]
kosten (ww)	berharga	[bərharga]
Hoeveel?	Berapa?	[bərapa?]
korting (de)	diskon	[diskon]
niet duur (bn)	tidak mahal	[tidaʔ mahal]
goedkoop (bn)	murah	[murah]

duur (bn)	mahal	[mahal]
Dat is duur.	Ini mahal	[ini mahal]
verhuur (de)	rental, persewaan	[rental], [pərsewa'an]
huren (smoking, enz.)	menyewa	[mənjewa]
krediet (het)	kredit	[kredit]
op krediet (bw)	secara kredit	[setʃara kredit]

59. Geld

geld (het)	uang	[uaŋ]
ruil (de)	pertukaran mata uang	[pərtukaran mata uaŋ]
koers (de)	nilai tukar	[nilaj tukar]
geldautomaat (de)	Anjungan Tunai Mandiri, ATM	[andʒʲuŋan tunaj mandiri], [a-te-em]
muntstuk (de)	koin	[koin]
dollar (de)	dolar	[dolar]
euro (de)	euro	[euro]
lire (de)	lira	[lira]
Duitse mark (de)	Mark Jerman	[marˀ dʒʲerman]
frank (de)	franc	[frantʃ]
pond sterling (het)	poundsterling	[paundsterliŋ]
yen (de)	yen	[yen]
schuld (geldbedrag)	utang	[utaŋ]
schuldenaar (de)	pengutang	[pəŋutaŋ]
uitlenen (ww)	meminjamkan	[memindʒʲamkan]
lenen (geld ~)	meminjam	[memindʒʲam]
bank (de)	bank	[banˀ]
bankrekening (de)	rekening	[rekeniŋ]
storten (ww)	memasukkan	[memasuˀkan]
op rekening storten	memasukkan ke rekening	[memasuˀkan ke rekeniŋ]
opnemen (ww)	menarik uang	[mənariˀ uaŋ]
kredietkaart (de)	kartu kredit	[kartu kredit]
baar geld (het)	uang kontan, uang tunai	[uaŋ kontan], [uaŋ tunaj]
cheque (de)	cek	[tʃeˀ]
een cheque uitschrijven	menulis cek	[mənulis tʃeˀ]
chequeboekje (het)	buku cek	[buku tʃeˀ]
portefeuille (de)	dompet	[dompet]
geldbeugel (de)	dompet, pundi-pundi	[dompet], [pundi-pundi]
safe (de)	brankas	[brankas]
erfgenaam (de)	pewaris	[pewaris]
erfenis (de)	warisan	[warisan]
fortuin (het)	kekayaan	[kekaja'an]
huur (de)	sewa	[sewa]
huurprijs (de)	uang sewa	[uaŋ sewa]
huren (huis, kamer)	menyewa	[mənjewa]

prijs (de)	harga	[harga]
kostprijs (de)	harga	[harga]
som (de)	jumlah	[dʒˈumlah]
uitgeven (geld besteden)	menghabiskan	[məŋhabiskan]
kosten (mv.)	ongkos	[oŋkos]
bezuinigen (ww)	menghemat	[məŋhemat]
zuinig (bn)	hemat	[hemat]
betalen (ww)	membayar	[membajar]
betaling (de)	pembayaran	[pembajaran]
wisselgeld (het)	kembalian	[kembalian]
belasting (de)	pajak	[padʒˈaʔ]
boete (de)	denda	[denda]
beboeten (bekeuren)	mendenda	[məndenda]

60. Post. Postkantoor

postkantoor (het)	kantor pos	[kantor pos]
post (de)	surat	[surat]
postbode (de)	tukang pos	[tukaŋ pos]
openingsuren (mv.)	jam buka	[dʒˈam buka]
brief (de)	surat	[surat]
aangetekende brief (de)	surat tercatat	[surat tərtʃatat]
briefkaart (de)	kartu pos	[kartu pos]
telegram (het)	telegram	[telegram]
postpakket (het)	parsel, paket pos	[parsel], [paket pos]
overschrijving (de)	wesel pos	[wesel pos]
ontvangen (ww)	menerima	[mənerima]
sturen (zenden)	mengirim	[məŋirim]
verzending (de)	pengiriman	[peŋiriman]
adres (het)	alamat	[alamat]
postcode (de)	kode pos	[kode pos]
verzender (de)	pengirim	[peŋirim]
ontvanger (de)	penerima	[penerima]
naam (de)	nama	[nama]
achternaam (de)	nama keluarga	[nama keluarga]
tarief (het)	tarif	[tarif]
standaard (bn)	biasa, standar	[biasa], [standar]
zuinig (bn)	ekonomis	[ekonomis]
gewicht (het)	berat	[berat]
afwegen (op de weegschaal)	menimbang	[mənimbaŋ]
envelop (de)	amplop	[amplop]
postzegel (de)	prangko	[praŋko]
een postzegel plakken op	menempelkan prangko	[mənempelkan praŋko]

Woning. Huis. Thuis

61. Huis. Elektriciteit

elektriciteit (de)	listrik	[listri']
lamp (de)	bohlam	[bohlam]
schakelaar (de)	sakelar	[sakelar]
zekering (de)	sekring	[sekriŋ]

draad (de)	kabel, kawat	[kabel], [kawat]
bedrading (de)	rangkaian kabel	[raŋkajan kabel]
elektriciteitsmeter (de)	meteran listrik	[meteran listri']
gegevens (mv.)	pencatatan	[pentʃatatan]

62. Villa. Herenhuis

landhuisje (het)	rumah luar kota	[rumah luar kota]
villa (de)	vila	[vila]
vleugel (de)	sayap	[sajap]

tuin (de)	kebun	[kebun]
park (het)	taman	[taman]
oranjerie (de)	rumah kaca	[rumah katʃa]
onderhouden (tuin, enz.)	memelihara	[memelihara]

zwembad (het)	kolam renang	[kolam renaŋ]
gym (het)	gym	[dʒim]
tennisveld (het)	lapangan tenis	[lapaŋan tenis]
bioscoopkamer (de)	bioskop rumah	[bioskop rumah]
garage (de)	garasi	[garasi]

privé-eigendom (het)	milik pribadi	[mili' pribadi]
eigen terrein (het)	tanah pribadi	[tanah pribadi]

waarschuwing (de)	peringatan	[pəriŋatan]
waarschuwingsbord (het)	tanda peringatan	[tanda pəriŋatan]

bewaking (de)	keamanan	[keamanan]
bewaker (de)	satpam, pengawal	[satpam], [peŋawal]
inbraakalarm (het)	alarm antirampok	[alarm antirampo']

63. Appartement

appartement (het)	apartemen	[apartemen]
kamer (de)	kamar	[kamar]
slaapkamer (de)	kamar tidur	[kamar tidur]

eetkamer (de)	ruang makan	[ruaŋ makan]
salon (de)	ruang tamu	[ruaŋ tamu]
studeerkamer (de)	ruang kerja	[ruaŋ kerdʒʲa]
gang (de)	ruang depan	[ruaŋ depan]
badkamer (de)	kamar mandi	[kamar mandi]
toilet (het)	kamar kecil	[kamar ketʃil]
plafond (het)	plafon, langit-langit	[plafon], [laŋit-laŋit]
vloer (de)	lantai	[lantaj]
hoek (de)	sudut	[sudut]

64. Meubels. Interieur

meubels (mv.)	mebel	[mebel]
tafel (de)	meja	[medʒʲa]
stoel (de)	kursi	[kursi]
bed (het)	ranjang	[randʒʲaŋ]
bankstel (het)	dipan	[dipan]
fauteuil (de)	kursi malas	[kursi malas]
boekenkast (de)	lemari buku	[lemari buku]
boekenrek (het)	rak	[ra']
kledingkast (de)	lemari pakaian	[lemari pakajan]
kapstok (de)	kapstok	[kapsto']
staande kapstok (de)	kapstok berdiri	[kapsto' berdiri]
commode (de)	lemari laci	[lemari latʃi]
salontafeltje (het)	meja kopi	[medʒʲa kopi]
spiegel (de)	cermin	[tʃermin]
tapijt (het)	permadani	[permadani]
tapijtje (het)	karpet kecil	[karpet ketʃil]
haard (de)	perapian	[perapian]
kaars (de)	lilin	[lilin]
kandelaar (de)	kaki lilin	[kaki lilin]
gordijnen (mv.)	gorden	[gorden]
behang (het)	kertas dinding	[kertas dindiŋ]
jaloezie (de)	kerai	[keraj]
bureaulamp (de)	lampu meja	[lampu medʒʲa]
wandlamp (de)	lampu dinding	[lampu dindiŋ]
staande lamp (de)	lampu lantai	[lampu lantaj]
luchter (de)	lampu bercabang	[lampu bertʃabaŋ]
poot (ov. een tafel, enz.)	kaki	[kaki]
armleuning (de)	lengan	[leŋan]
rugleuning (de)	sandaran	[sandaran]
la (de)	laci	[latʃi]

65. Beddengoed

beddengoed (het)	kain kasur	[kain kasur]
kussen (het)	bantal	[bantal]
kussenovertrek (de)	sarung bantal	[saruŋ bantal]
deken (de)	selimut	[selimut]
laken (het)	seprai	[sepraj]
sprei (de)	selubung kasur	[selubuŋ kasur]

66. Keuken

keuken (de)	dapur	[dapur]
gas (het)	gas	[gas]
gasfornuis (het)	kompor gas	[kompor gas]
elektrisch fornuis (het)	kompor listrik	[kompor listri']
oven (de)	oven	[oven]
magnetronoven (de)	microwave	[majkrowav]
koelkast (de)	lemari es, kulkas	[lemari es], [kulkas]
diepvriezer (de)	lemari pembeku	[lemari pembeku]
vaatwasmachine (de)	mesin pencuci piring	[mesin pentʃutʃi piriŋ]
vleesmolen (de)	alat pelumat daging	[alat pelumat dagiŋ]
vruchtenpers (de)	mesin sari buah	[mesin sari buah]
toaster (de)	alat pemanggang roti	[alat pemaŋgaŋ roti]
mixer (de)	pencampur	[pentʃampur]
koffiemachine (de)	mesin pembuat kopi	[mesin pembuat kopi]
koffiepot (de)	teko kopi	[teko kopi]
koffiemolen (de)	mesin penggiling kopi	[mesin peŋgiliŋ kopi]
fluitketel (de)	cerek	[tʃere']
theepot (de)	teko	[teko]
deksel (de/het)	tutup	[tutup]
theezeefje (het)	saringan teh	[sariŋan teh]
lepel (de)	sendok	[sendo']
theelepeltje (het)	sendok teh	[sendo' teh]
eetlepel (de)	sendok makan	[sendo' makan]
vork (de)	garpu	[garpu]
mes (het)	pisau	[pisau]
vaatwerk (het)	piring mangkuk	[piriŋ maŋku']
bord (het)	piring	[piriŋ]
schoteltje (het)	alas cangkir	[alas tʃaŋkir]
likeurglas (het)	seloki	[seloki]
glas (het)	gelas	[gelas]
kopje (het)	cangkir	[tʃaŋkir]
suikerpot (de)	wadah gula	[wadah gula]
zoutvat (het)	wadah garam	[wadah garam]
pepervat (het)	wadah merica	[wadah meritʃa]

boterschaaltje (het)	wadah mentega	[wadah mentega]
steelpan (de)	panci	[pantʃi]
bakpan (de)	kuali	[kuali]
pollepel (de)	sudu	[sudu]
vergiet (de/het)	saringan	[sariŋan]
dienblad (het)	talam	[talam]
fles (de)	botol	[botol]
glazen pot (de)	gelas	[gelas]
blik (conserven~)	kaleng	[kaleŋ]
flesopener (de)	pembuka botol	[pembuka botol]
blikopener (de)	pembuka kaleng	[pembuka kaleŋ]
kurkentrekker (de)	kotrek	[kotreʔ]
filter (de/het)	saringan	[sariŋan]
filteren (ww)	saringan	[sariŋan]
huisvuil (het)	sampah	[sampah]
vuilnisemmer (de)	tong sampah	[toŋ sampah]

67. Badkamer

badkamer (de)	kamar mandi	[kamar mandi]
water (het)	air	[air]
kraan (de)	keran	[keran]
warm water (het)	air panas	[air panas]
koud water (het)	air dingin	[air diŋin]
tandpasta (de)	pasta gigi	[pasta gigi]
tanden poetsen (ww)	menggosok gigi	[məŋgosoʔ gigi]
tandenborstel (de)	sikat gigi	[sikat gigi]
zich scheren (ww)	bercukur	[bərtʃukur]
scheercrème (de)	busa cukur	[busa tʃukur]
scheermes (het)	pisau cukur	[pisau tʃukur]
wassen (ww)	mencuci	[məntʃutʃi]
een bad nemen	mandi	[mandi]
douche (de)	pancuran	[pantʃuran]
een douche nemen	mandi pancuran	[mandi pantʃuran]
bad (het)	bak mandi	[baʔ mandi]
toiletpot (de)	kloset	[kloset]
wastafel (de)	wastafel	[wastafel]
zeep (de)	sabun	[sabun]
zeepbakje (het)	wadah sabun	[wadah sabun]
spons (de)	spons	[spons]
shampoo (de)	sampo	[sampo]
handdoek (de)	handuk	[handuʔ]
badjas (de)	jubah mandi	[dʒiubah mandi]
was (bijv. handwas)	pencucian	[pentʃutʃian]
wasmachine (de)	mesin cuci	[mesin tʃutʃi]

| de was doen | mencuci | [məntʃutʃi] |
| waspoeder (de) | deterjen cuci | [deterdʒʲen tʃutʃi] |

68. Huishoudelijke apparaten

televisie (de)	pesawat TV	[pesawat ti-vi]
cassettespeler (de)	alat perekam	[alat pərekam]
videorecorder (de)	video, VCR	[vidio], [vi-si-er]
radio (de)	radio	[radio]
speler (de)	pemutar	[pemutar]

videoprojector (de)	proyektor video	[proektor video]
home theater systeem (het)	bioskop rumah	[bioskop rumah]
DVD-speler (de)	pemutar DVD	[pemutar di-vi-di]
versterker (de)	penguat	[peŋuat]
spelconsole (de)	konsol permainan video	[konsol pərmajnan video]

videocamera (de)	kamera video	[kamera video]
fotocamera (de)	kamera	[kamera]
digitale camera (de)	kamera digital	[kamera digital]

stofzuiger (de)	pengisap debu	[peɲisap debu]
strijkijzer (het)	setrika	[setrika]
strijkplank (de)	papan setrika	[papan setrika]

telefoon (de)	telepon	[telepon]
mobieltje (het)	ponsel	[ponsel]
schrijfmachine (de)	mesin ketik	[mesin ketiʔ]
naaimachine (de)	mesin jahit	[mesin dʒʲahit]

microfoon (de)	mikrofon	[mikrofon]
koptelefoon (de)	headphone, fonkepala	[headphone], [fonkepala]
afstandsbediening (de)	panel kendali	[panel kendali]

CD (de)	cakram kompak	[tʃakram kompaʔ]
cassette (de)	kaset	[kaset]
vinylplaat (de)	piringan hitam	[piriŋan hitam]

MENSELIJKE ACTIVITEITEN

Baan. Business. Deel 1

69. Kantoor. Op kantoor werken

kantoor (het)	kantor	[kantor]
kamer (de)	ruang kerja	[ruaŋ kerdʒʲa]
receptie (de)	resepsionis kantor	[resepsionis kantor]
secretaris (de)	sekretaris	[sekretaris]
secretaresse (de)	sekretaris	[sekretaris]
directeur (de)	direktur	[direktur]
manager (de)	manajer	[manadʒʲer]
boekhouder (de)	akuntan	[akuntan]
werknemer (de)	karyawan	[karjawan]
meubilair (het)	mebel	[mebel]
tafel (de)	meja	[medʒʲa]
bureaustoel (de)	kursi malas	[kursi malas]
ladeblok (het)	meja samping ranjang	[medʒʲa sampiŋ randʒʲaŋ]
kapstok (de)	kapstok berdiri	[kapsto' berdiri]
computer (de)	komputer	[komputer]
printer (de)	printer, pencetak	[printer], [pentʃeta']
fax (de)	mesin faks	[mesin faks]
kopieerapparaat (het)	mesin fotokopi	[mesin fotokopi]
papier (het)	kertas	[kertas]
kantoorartikelen (mv.)	alat tulis kantor	[alat tulis kantor]
muismat (de)	bantal tetikus	[bantal tetikus]
blad (het)	lembar	[lembar]
ordner (de)	map	[map]
catalogus (de)	katalog	[katalog]
telefoongids (de)	buku telepon	[buku telepon]
documentatie (de)	dokumentasi	[dokumentasi]
brochure (de)	brosur	[brosur]
flyer (de)	selebaran	[selebaran]
monster (het), staal (de)	sampel, contoh	[sampel], [tʃontoh]
training (de)	latihan	[latihan]
vergadering (de)	rapat	[rapat]
lunchpauze (de)	waktu makan siang	[waktu makan siaŋ]
een kopie maken	membuat salinan	[membuat salinan]
de kopieën maken	memperbanyak	[memperbanja']
een fax ontvangen	menerima faks	[mənerima faks]
een fax versturen	mengirim faks	[məŋirim faks]

opbellen (ww)	menelepon	[mənelepon]
antwoorden (ww)	menjawab	[məndʒʲawab]
doorverbinden (ww)	menyambungkan	[mənjambuŋkan]
afspreken (ww)	menetapkan	[mənetapkan]
demonstreren (ww)	memeragakan	[memeragakan]
absent zijn (ww)	absen, tidak hadir	[absen], [tidaʔ hadir]
afwezigheid (de)	absensi, ketidakhadiran	[absensi], [ketidahadiran]

70. Bedrijfsprocessen. Deel 1

bedrijf (business)	bisnis	[bisnis]
zaak (de), beroep (het)	urusan	[urusan]
firma (de)	firma	[firma]
bedrijf (maatschap)	maskapai	[maskapaj]
corporatie (de)	korporasi	[korporasi]
onderneming (de)	perusahaan	[pərusahaʔan]
agentschap (het)	biro, kantor	[biro], [kantor]
overeenkomst (de)	perjanjian	[pərdʒʲandʒian]
contract (het)	kontrak	[kontraʔ]
transactie (de)	transaksi	[transaksi]
bestelling (de)	pesanan	[pesanan]
voorwaarde (de)	syarat	[ʃarat]
in het groot (bw)	grosir	[grosir]
groothandels- (abn)	grosir	[grosir]
groothandel (de)	penjualan grosir	[pendʒʲualan grosir]
kleinhandels- (abn)	eceran	[etʃeran]
kleinhandel (de)	pengeceran	[peŋetʃeran]
concurrent (de)	kompetitor, pesaing	[kompetitor], [pesajŋ]
concurrentie (de)	kompetisi, persaingan	[kompetisi], [pərsajŋan]
concurreren (ww)	bersaing	[bərsajŋ]
partner (de)	mitra	[mitra]
partnerschap (het)	kemitraan	[kemitraʔan]
crisis (de)	krisis	[krisis]
bankroet (het)	kebangkrutan	[kebaŋkrutan]
bankroet gaan (ww)	jatuh bangkrut	[dʒʲatuh baŋkrut]
moeilijkheid (de)	kesukaran	[kesukaran]
probleem (het)	masalah	[masalah]
catastrofe (de)	gagal total	[gagal total]
economie (de)	ekonomi	[ekonomi]
economisch (bn)	ekonomi	[ekonomi]
economische recessie (de)	resesi ekonomi	[resesi ekonomi]
doel (het)	tujuan	[tudʒʲuan]
taak (de)	tugas	[tugas]
handelen (handel drijven)	berdagang	[berdagaŋ]
netwerk (het)	jaringan	[dʒʲariŋan]

voorraad (de)	inventaris	[inventaris]
assortiment (het)	penyortiran	[penjortiran]
leider (de)	pemimpin	[pemimpin]
groot (bn)	besar	[besar]
monopolie (het)	monopoli	[monopoli]
theorie (de)	teori	[teori]
praktijk (de)	praktik	[prakti']
ervaring (de)	pengalaman	[peɲalaman]
tendentie (de)	tendensi	[tendensi]
ontwikkeling (de)	perkembangan	[pərkembaŋan]

71. Bedrijfsprocessen. Deel 2

voordeel (het)	keuntungan	[keuntuŋan]
voordelig (bn)	menguntungkan	[məŋuntuŋkan]
delegatie (de)	delegasi	[delegasi]
salaris (het)	gaji, upah	[gadʒi], [upah]
corrigeren (fouten ~)	mengoreksi	[məŋoreksi]
zakenreis (de)	perjalanan dinas	[pərdʒ'alanan dinas]
commissie (de)	panitia	[panitia]
controleren (ww)	mengontrol	[məŋontrol]
conferentie (de)	konferensi	[konferensi]
licentie (de)	lisensi, izin	[lisensi], [izin]
betrouwbaar (partner, enz.)	yang bisa dipercaya	[yaŋ bisa dipertʃaja]
aanzet (de)	inisiatif	[inisiatif]
norm (bijv. ~ stellen)	norma	[norma]
omstandigheid (de)	keadaan sekitar	[keada'an sekitar]
taak, plicht (de)	tugas	[tugas]
organisatie (bedrijf, zaak)	organisasi	[organisasi]
organisatie (proces)	pengurusan	[peŋurusan]
georganiseerd (bn)	terurus	[tərurus]
afzegging (de)	pembatalan	[pembatalan]
afzeggen (ww)	membatalkan	[membatalkan]
verslag (het)	laporan	[laporan]
patent (het)	paten	[paten]
patenteren (ww)	mematenkan	[mematenkan]
plannen (ww)	merencanakan	[merentʃanakan]
premie (de)	bonus	[bonus]
professioneel (bn)	profesional	[profesional]
procedure (de)	prosedur	[prosedur]
onderzoeken (contract, enz.)	mempertimbangkan	[mempertimbaŋkan]
berekening (de)	perhitungan	[pərhituŋan]
reputatie (de)	reputasi	[reputasi]
risico (het)	risiko	[risiko]
beheren (managen)	memimpin	[memimpin]

informatie (de)	data, informasi	[data], [informasi]
eigendom (bezit)	milik	[miliʔ]
unie (de)	persatuan, serikat	[pərsatuan], [serikat]
levensverzekering (de)	asuransi jiwa	[asuransi dʒiwa]
verzekeren (ww)	mengasuransikan	[məŋasuransikan]
verzekering (de)	asuransi	[asuransi]
veiling (de)	lelang	[lelaŋ]
verwittigen (ww)	memberitahu	[memberitahu]
beheer (het)	manajemen	[manadʒʲemen]
dienst (de)	jasa	[dʒʲasa]
forum (het)	forum	[forum]
functioneren (ww)	berfungsi	[bərfuŋsi]
stap, etappe (de)	tahap	[tahap]
juridisch (bn)	hukum	[hukum]
jurist (de)	ahli hukum	[ahli hukum]

72. Productie. Werken

industriële installatie (fabriek)	pabrik	[pabriʔ]
fabriek (de)	pabrik	[pabriʔ]
werkplaatsruimte (de)	bengkel	[beŋkel]
productielocatie (de)	perusahaan	[perusahaʔan]
industrie (de)	industri	[industri]
industrieel (bn)	industri	[industri]
zware industrie (de)	industri berat	[industri berat]
lichte industrie (de)	industri ringan	[industri riŋan]
productie (de)	produksi	[produksi]
produceren (ww)	memproduksi	[memproduksi]
grondstof (de)	bahan baku	[bahan baku]
voorman, ploegbaas (de)	mandor	[mandor]
ploeg (de)	regu pekerja	[regu pekerdʒʲa]
arbeider (de)	buruh, pekerja	[buruh], [pekerdʒʲa]
werkdag (de)	hari kerja	[hari kerdʒʲa]
pauze (de)	perhentian	[perhentian]
samenkomst (de)	rapat	[rapat]
bespreken (spreken over)	membicarakan	[membitʃarakan]
plan (het)	rencana	[rentʃana]
het plan uitvoeren	melaksanakan rencana	[melaksanakan rentʃana]
productienorm (de)	kecepatan produksi	[ketʃepatan produksi]
kwaliteit (de)	kualitas, mutu	[kualitas], [mutu]
controle (de)	kontrol, kendali	[kontrol], [kendali]
kwaliteitscontrole (de)	kendali mutu	[kendali mutu]
arbeidsveiligheid (de)	keselamatan kerja	[keselamatan kerdʒʲa]
discipline (de)	disiplin	[disiplin]
overtreding (de)	pelanggaran	[pelaŋgaran]

Nederlands	Indonesisch	Uitspraak
overtreden (ww)	melanggar	[melaŋgar]
staking (de)	pemogokan	[pemogokan]
staker (de)	pemogok	[pemogoʔ]
staken (ww)	mogok	[mogoʔ]
vakbond (de)	serikat pekerja	[serikat pekerdʒ¦a]
uitvinden (machine, enz.)	menemukan	[mənemukan]
uitvinding (de)	penemuan	[penemuan]
onderzoek (het)	riset, penelitian	[riset], [penelitian]
verbeteren (beter maken)	memperbaiki	[memperbajki]
technologie (de)	teknologi	[teknologi]
technische tekening (de)	gambar teknik	[gambar tekniʔ]
vracht (de)	muatan	[muatan]
lader (de)	kuli	[kuli]
laden (vrachtwagen)	memuat	[memuat]
laden (het)	pemuatan	[pemuatan]
lossen (ww)	membongkar	[memboŋkar]
lossen (het)	pembongkaran	[pemboŋkaran]
transport (het)	transportasi, angkutan	[transportasi], [aŋkutan]
transportbedrijf (de)	perusahaan transportasi	[pərusahaʔan transportasi]
transporteren (ww)	mengangkut	[məŋaŋkut]
goederenwagon (de)	gerbong barang	[gerboŋ baraŋ]
tank (bijv. ketelwagen)	tangki	[taŋki]
vrachtwagen (de)	truk	[truʔ]
machine (de)	mesin	[mesin]
mechanisme (het)	mekanisme	[mekanisme]
industrieel afval (het)	limbah industri	[limbah industri]
verpakking (de)	pengemasan	[peŋemasan]
verpakken (ww)	mengemas	[məŋemas]

73. Contract. Overeenstemming

Nederlands	Indonesisch	Uitspraak
contract (het)	kontrak	[kontraʔ]
overeenkomst (de)	perjanjian	[pərdʒ¦andʒian]
bijlage (de)	lampiran	[lampiran]
een contract sluiten	menandatangani kontrak	[mənandataŋani kontraʔ]
handtekening (de)	tanda tangan	[tanda taŋan]
ondertekenen (ww)	menandatangani	[mənandataŋani]
stempel (de)	cap	[tʃap]
voorwerp (het) van de overeenkomst	subjek perjanjian	[subdʒ¦eʔ pərdʒ¦andʒian]
clausule (de)	ayat, pasal	[ajat], [pasal]
partijen (mv.)	pihak	[pihaʔ]
vestigingsadres (het)	alamat sah	[alamat sah]
het contract verbreken (overtreden)	melanggar kontrak	[melaŋgar kontraʔ]

verplichting (de)	komitmen, kewajiban	[komitmen], [kewadʒiban]
verantwoordelijkheid (de)	tanggung jawab	[taŋguŋ dʒ'awab]
overmacht (de)	keadaan kahar	[keada'an kahar]
geschil (het)	sengketa	[seŋketa]
sancties (mv.)	sanksi, penalti	[sanksi], [penalti]

74. Import & Export

import (de)	impor	[impor]
importeur (de)	importir	[importir]
importeren (ww)	mengimpor	[mənimpor]
import- (abn)	impor	[impor]
uitvoer (export)	ekspor	[ekspor]
exporteur (de)	eksportir	[eksportir]
exporteren (ww)	mengekspor	[mənekspor]
uitvoer- (bijv., ~goederen)	ekspor	[ekspor]
goederen (mv.)	barang dagangan	[baraŋ dagaŋan]
partij (de)	partai	[partaj]
gewicht (het)	berat	[berat]
volume (het)	volume, isi	[volume], [isi]
kubieke meter (de)	meter kubik	[meter kubiʔ]
producent (de)	produsen	[produsen]
transportbedrijf (de)	perusahaan transportasi	[pərusaha'an transportasi]
container (de)	peti kemas	[peti kemas]
grens (de)	perbatasan	[pərbatasan]
douane (de)	pabean	[pabean]
douanerecht (het)	bea cukai	[bea tʃukaj]
douanier (de)	petugas pabean	[petugas pabean]
smokkelen (het)	penyelundupan	[penjelundupan]
smokkelwaar (de)	barang-barang selundupan	[baraŋ-baraŋ selundupan]

75. Financiën

aandeel (het)	saham	[saham]
obligatie (de)	obligasi	[obligasi]
wissel (de)	wesel	[wesel]
beurs (de)	bursa efek	[bursa efeʔ]
aandelenkoers (de)	kurs saham	[kurs saham]
dalen (ww)	menjadi murah	[məndʒ'adi murah]
stijgen (ww)	menjadi mahal	[məndʒ'adi mahal]
deel (het)	kepemilikan saham	[kepemilikan saham]
meerderheidsbelang (het)	mayoritas saham	[majoritas saham]
investeringen (mv.)	investasi	[investasi]
investeren (ww)	berinvestasi	[bərinvestasi]

procent (het)	persen	[pərsen]
rente (de)	suku bunga	[suku buŋa]
winst (de)	profit, untung	[profit], [untuŋ]
winstgevend (bn)	beruntung	[beruntuŋ]
belasting (de)	pajak	[padʒia']
valuta (vreemde ~)	valas	[valas]
nationaal (bn)	nasional	[nasional]
ruil (de)	pertukaran	[pərtukaran]
boekhouder (de)	akuntan	[akuntan]
boekhouding (de)	akuntansi	[akuntansi]
bankroet (het)	kebangkrutan	[kebaŋkrutan]
ondergang (de)	keruntuhan	[keruntuhan]
faillissement (het)	kebangkrutan	[kebaŋkrutan]
geruïneerd zijn (ww)	bangkrut	[baŋkrut]
inflatie (de)	inflasi	[inflasi]
devaluatie (de)	devaluasi	[devaluasi]
kapitaal (het)	modal	[modal]
inkomen (het)	pendapatan	[pendapatan]
omzet (de)	omzet	[omzet]
middelen (mv.)	sumber daya	[sumber daja]
financiële middelen (mv.)	dana	[dana]
operationele kosten (mv.)	beaya umum	[beaja umum]
reduceren (kosten ~)	mengurangi	[məŋuraŋi]

76. Marketing

marketing (de)	pemasaran	[pemasaran]
markt (de)	pasar	[pasar]
marktsegment (het)	segmen pasar	[segmen pasar]
product (het)	produk	[produ']
goederen (mv.)	barang dagangan	[baraŋ dagaŋan]
merk (het)	merek	[mere']
handelsmerk (het)	merek dagang	[mere' dagaŋ]
beeldmerk (het)	logo dagang	[logo dagaŋ]
logo (het)	logo	[logo]
vraag (de)	permintaan	[pərminta'an]
aanbod (het)	penawaran	[penawaran]
behoefte (de)	kebutuhan	[kebutuhan]
consument (de)	konsumen	[konsumen]
analyse (de)	analisis	[analisis]
analyseren (ww)	menganalisis	[məŋanalisis]
positionering (de)	pemosisian	[pemosisian]
positioneren (ww)	memosisikan	[memosisikan]
prijs (de)	harga	[harga]
prijspolitiek (de)	politik harga	[politi' harga]
prijsvorming (de)	penentuan harga	[penentuan harga]

77. Reclame

reclame (de)	iklan	[iklan]
adverteren (ww)	mengiklankan	[məŋiklankan]
budget (het)	anggaran belanja	[aŋgaran belandʒʲa]
advertentie, reclame (de)	iklan	[iklan]
TV-reclame (de)	iklan TV	[iklan ti-vi]
radioreclame (de)	iklan radio	[iklan radio]
buitenreclame (de)	iklan luar ruangan	[iklan luar ruaŋan]
massamedia (de)	media massa	[media massa]
periodiek (de)	terbitan berkala	[tərbitan bərkala]
imago (het)	citra	[tʃitra]
slagzin (de)	slogan, semboyan	[slogan], [semboyan]
motto (het)	moto	[moto]
campagne (de)	kampanye	[kampanje]
reclamecampagne (de)	kampanye iklan	[kampanje iklan]
doelpubliek (het)	khalayak sasaran	[halajaʔ sasaran]
visitekaartje (het)	kartu nama	[kartu nama]
flyer (de)	selebaran	[selebaran]
brochure (de)	brosur	[brosur]
folder (de)	pamflet	[pamflet]
nieuwsbrief (de)	buletin	[buletin]
gevelreclame (de)	papan nama	[papan nama]
poster (de)	poster	[poster]
aanplakbord (het)	papan iklan	[papan iklan]

78. Bankieren

bank (de)	bank	[banʔ]
bankfiliaal (het)	cabang	[tʃabaŋ]
bankbediende (de)	konsultan	[konsultan]
manager (de)	manajer	[manadʒʲer]
bankrekening (de)	rekening	[rekeniŋ]
rekeningnummer (het)	nomor rekening	[nomor rekeniŋ]
lopende rekening (de)	rekening koran	[rekeniŋ koran]
spaarrekening (de)	rekening simpanan	[rekeniŋ simpanan]
een rekening openen	membuka rekening	[membuka rekeniŋ]
de rekening sluiten	menutup rekening	[mənutup rekeniŋ]
op rekening storten	memasukkan ke rekening	[memasuʔkan ke rekeniŋ]
opnemen (ww)	menarik uang	[mənariʔ uaŋ]
storting (de)	deposito	[deposito]
een storting maken	melakukan setoran	[melakukan setoran]
overschrijving (de)	transfer kawat	[transfer kawat]

een overschrijving maken	mentransfer	[məntransfer]
som (de)	jumlah	[dʒʲumlah]
Hoeveel?	Berapa?	[bərapa?]
handtekening (de)	tanda tangan	[tanda taŋan]
ondertekenen (ww)	menandatangani	[mənandataŋani]
kredietkaart (de)	kartu kredit	[kartu kredit]
code (de)	kode	[kode]
kredietkaartnummer (het)	nomor kartu kredit	[nomor kartu kredit]
geldautomaat (de)	Anjungan Tunai Mandiri, ATM	[andʒʲuŋan tunaj mandiri], [a-te-em]
cheque (de)	cek	[tʃeʔ]
een cheque uitschrijven	menulis cek	[mənulis tʃeʔ]
chequeboekje (het)	buku cek	[buku tʃeʔ]
lening, krediet (de)	kredit, pinjaman	[kredit], [pindʒʲaman]
een lening aanvragen	meminta kredit	[meminta kredit]
een lening nemen	mendapatkan kredit	[məndapatkan kredit]
een lening verlenen	memberikan kredit	[memberikan kredit]
garantie (de)	jaminan	[dʒʲaminan]

79. Telefoon. Telefoongesprek

telefoon (de)	telepon	[telepon]
mobieltje (het)	ponsel	[ponsel]
antwoordapparaat (het)	mesin penjawab panggilan	[mesin pendʒʲawab paŋgilan]
bellen (ww)	menelepon	[mənelepon]
belletje (telefoontje)	panggilan telepon	[paŋgilan telepon]
een nummer draaien	memutar nomor telepon	[memutar nomor telepon]
Hallo!	Halo!	[halo!]
vragen (ww)	bertanya	[bərtanja]
antwoorden (ww)	menjawab	[məndʒʲawab]
horen (ww)	mendengar	[məndeŋar]
goed (bw)	baik	[bajʔ]
slecht (bw)	buruk, jelek	[buruk], [dʒʲeleʔ]
storingen (mv.)	bising, gangguan	[bisiŋ], [gaŋguan]
hoorn (de)	gagang	[gagaŋ]
opnemen (ww)	mengangkat telepon	[məŋaŋkat telepon]
ophangen (ww)	menutup telepon	[mənutup telepon]
bezet (bn)	sibuk	[sibuʔ]
overgaan (ww)	berdering	[bərderiŋ]
telefoonboek (het)	buku telepon	[buku telepon]
lokaal (bn)	lokal	[lokal]
lokaal gesprek (het)	panggilan lokal	[paŋgilan lokal]
interlokaal (bn)	interlokal	[interlokal]
interlokaal gesprek (het)	panggilan interlokal	[paŋgilan interlokal]

buitenlands (bn) | internasional | [internasional]
buitenlands gesprek (het) | panggilan internasional | [paŋgilan internasional]

80. Mobiele telefoon

mobieltje (het)	ponsel	[ponsel]
scherm (het)	layar	[lajar]
toets, knop (de)	kenop	[kenop]
simkaart (de)	kartu SIM	[kartu sim]

batterij (de) | baterai | [barateraj]
leeg zijn (ww) | mati | [mati]
acculader (de) | pengisi baterai, pengecas | [peɲisi bateraj], [peɲetʃas]

menu (het) | menu | [menu]
instellingen (mv.) | penyetelan | [penjetelan]
melodie (beltoon) | nada panggil | [nada paŋgil]
selecteren (ww) | memilih | [memilih]

rekenmachine (de) | kalkulator | [kalkulator]
voicemail (de) | penjawab telepon | [penʤawab telepon]

wekker (de) | weker | [weker]
contacten (mv.) | buku telepon | [buku telepon]

SMS-bericht (het) | pesan singkat | [pesan siŋkat]
abonnee (de) | pelanggan | [pelaŋgan]

81. Schrijfbehoeften

balpen (de) | bolpen | [bolpen]
vulpen (de) | pena celup | [pena tʃelup]

potlood (het) | pensil | [pensil]
marker (de) | spidol | [spidol]
viltstift (de) | spidol | [spidol]

notitieboekje (het) | buku catatan | [buku tʃatatan]
agenda (boekje) | agenda | [agenda]

liniaal (de/het) | mistar, penggaris | [mistar], [peŋgaris]
rekenmachine (de) | kalkulator | [kalkulator]
gom (de) | karet penghapus | [karet peɲhapus]

punaise (de) | paku payung | [paku pajuŋ]
paperclip (de) | penjepit kertas | [penʤepit kertas]

lijm (de) | lem | [lem]
nietmachine (de) | stapler | [stapler]

perforator (de) | alat pelubang kertas | [alat pelubaŋ kertas]
potloodslijper (de) | rautan pensil | [rautan pensil]

82. Soorten bedrijven

boekhouddiensten (mv.)	jasa akuntansi	[dʒ'asa akuntansi]
reclame (de)	periklanan	[periklanan]
reclamebureau (het)	biro periklanan	[biro periklanan]
airconditioning (de)	penyejuk udara	[penjedʒ'u' udara]
luchtvaartmaatschappij (de)	maskapai penerbangan	[maskapaj penerbaŋan]
alcoholische dranken (mv.)	minuman beralkohol	[minuman beralkohol]
antiek (het)	antikuariat	[antikuariat]
kunstgalerie (de)	galeri seni	[galeri seni]
audit diensten (mv.)	jasa audit	[dʒ'asa audit]
banken (mv.)	industri perbankan	[industri perbankan]
bar (de)	bar	[bar]
schoonheidssalon (de/het)	salon kecantikan	[salon ketʃantikan]
boekhandel (de)	toko buku	[toko buku]
bierbrouwerij (de)	pabrik bir	[pabri' bir]
zakencentrum (het)	pusat bisnis	[pusat bisnis]
business school (de)	sekolah bisnis	[sekolah bisnis]
casino (het)	kasino	[kasino]
bouwbedrijven (mv.)	pembangunan	[pembaŋunan]
adviesbureau (het)	jasa konsultasi	[dʒ'asa konsultasi]
tandheelkunde (de)	klinik gigi	[klini' gigi]
design (het)	desain	[desajn]
apotheek (de)	apotek, toko obat	[apotek], [toko obat]
stomerij (de)	penatu kimia	[penatu kimia]
uitzendbureau (het)	biro tenaga kerja	[biro tenaga kerdʒ'a]
financiële diensten (mv.)	jasa finansial	[dʒ'asa finansial]
voedingswaren (mv.)	produk makanan	[produ' makanan]
uitvaartcentrum (het)	rumah duka	[rumah duka]
meubilair (het)	mebel	[mebel]
kleding (de)	pakaian, busana	[pakajan], [busana]
hotel (het)	hotel	[hotel]
IJsje (het)	es krim	[es krim]
industrie (de)	industri	[industri]
verzekering (de)	asuransi	[asuransi]
Internet (het)	Internet	[internet]
investeringen (mv.)	investasi	[investasi]
juwelier (de)	tukang perhiasan	[tukaŋ perhiasan]
juwelen (mv.)	perhiasan	[perhiasan]
wasserette (de)	penatu	[penatu]
juridische diensten (mv.)	penasihat hukum	[penasihat hukum]
lichte industrie (de)	industri ringan	[industri riŋan]
tijdschrift (het)	majalah	[madʒ'alah]
postorderbedrijven (mv.)	perniagaan pesanan pos	[perniaga'an pesanan pos]
medicijnen (mv.)	kedokteran	[kedokteran]
bioscoop (de)	bioskop	[bioskop]
museum (het)	museum	[museum]

persbureau (het)	kantor berita	[kantor bərita]
krant (de)	koran	[koran]
nachtclub (de)	klub malam	[klub malam]
olie (aardolie)	petroleum, minyak	[petroleum], [minjaʔ]
koerierdienst (de)	jasa kurir	[dʒ|asa kurir]
geneesmiddelen (mv.)	farmasi	[farmasi]
drukkerij (de)	percetakan	[pərtʃetakan]
uitgeverij (de)	penerbit	[penerbit]
radio (de)	radio	[radio]
vastgoed (het)	properti, lahan yasan	[properti], [lahan yasan]
restaurant (het)	restoran	[restoran]
bewakingsfirma (de)	biro keamanan	[biro keamanan]
sport (de)	olahraga	[olahraga]
handelsbeurs (de)	bursa efek	[bursa efeʔ]
winkel (de)	toko	[toko]
supermarkt (de)	pasar swalayan	[pasar swalajan]
zwembad (het)	kolam renang	[kolam renaŋ]
naaiatelier (het)	rumah jahit	[rumah dʒ|ahit]
televisie (de)	televisi	[televisi]
theater (het)	teater	[teater]
handel (de)	perdagangan	[pərdagaŋan]
transport (het)	transportasi, angkutan	[transportasi], [aŋkutan]
toerisme (het)	pariwisata	[pariwisata]
dierenarts (de)	dokter hewan	[dokter hewan]
magazijn (het)	gudang	[gudaŋ]
afvalinzameling (de)	pemungutan sampah	[pemuŋutan sampah]

Baan. Business. Deel 2

83. Show. Tentoonstelling

beurs (de)	pameran	[pameran]
vakbeurs, handelsbeurs (de)	pameran perdagangan	[pameran pərdagaŋan]
deelneming (de)	partisipasi	[partisipasi]
deelnemen (ww)	turut serta	[turut serta]
deelnemer (de)	partisipan, peserta	[partisipan], [peserta]
directeur (de)	direktur	[direktur]
organisatiecomité (het)	biro penyelenggara kegiatan	[biro peneleŋgara kegiatan]
organisator (de)	penyelenggara	[penjeleŋgara]
organiseren (ww)	menyelenggarakan	[mənjeleŋgarakan]
deelnemingsaanvraag (de)	formulir keikutsertaan	[formulir keikutserta'an]
invullen (een formulier ~)	mengisi	[məŋisi]
details (mv.)	detail	[detajl]
informatie (de)	informasi	[informasi]
prijs (de)	harga	[harga]
inclusief (bijv. ~ BTW)	termasuk	[tərmasu']
inbegrepen (alles ~)	mencakup	[məntʃakup]
betalen (ww)	membayar	[membajar]
registratietarief (het)	biaya pendaftaran	[biaja pendaftaran]
ingang (de)	masuk	[masu']
paviljoen (het), hal (de)	paviliun	[paviliun]
registreren (ww)	mendaftar	[məndaftar]
badge, kaart (de)	label identitas	[label identitas]
beursstand (de)	stand	[stand]
reserveren (een stand ~)	memesan	[memesan]
vitrine (de)	dagang layar kaca	[dagaŋ lajar katʃa]
licht (het)	lampu	[lampu]
design (het)	desain	[desajn]
plaatsen (ww)	menempatkan	[menempatkan]
geplaatst zijn (ww)	diletakkan	[dileta'kan]
distributeur (de)	penyalur	[penjalur]
leverancier (de)	penyuplai	[penjuplaj]
leveren (ww)	menyuplai	[mənjuplaj]
land (het)	negara, negeri	[negara], [negeri]
buitenlands (bn)	asing	[asiŋ]
product (het)	produk	[produ']
associatie (de)	asosiasi, perhimpunan	[asosiasi], [pərhimpunan]

conferentiezaal (de)	gedung pertemuan	[geduŋ pərtemuan]
congres (het)	kongres	[koŋres]
wedstrijd (de)	kontes	[kontes]
bezoeker (de)	pengunjung	[peŋundʒ¦uŋ]
bezoeken (ww)	mendatangi	[məndataŋi]
afnemer (de)	pelanggan	[pelaŋgan]

84. Wetenschap. Onderzoek. Wetenschappers

wetenschap (de)	ilmu	[ilmu]
wetenschappelijk (bn)	ilmiah	[ilmiah]
wetenschapper (de)	ilmuwan	[ilmuwan]
theorie (de)	teori	[teori]
axioma (het)	aksioma	[aksioma]
analyse (de)	analisis	[analisis]
analyseren (ww)	menganalisis	[məŋanalisis]
argument (het)	argumen	[argumen]
substantie (de)	zat, bahan	[zat], [bahan]
hypothese (de)	hipotesis	[hipotesis]
dilemma (het)	dilema	[dilema]
dissertatie (de)	disertasi	[disertasi]
dogma (het)	dogma	[dogma]
doctrine (de)	doktrin	[doktrin]
onderzoek (het)	riset, penelitian	[riset], [penelitian]
onderzoeken (ww)	penelitian	[penelitian]
toetsing (de)	pengujian	[peŋudʒian]
laboratorium (het)	laboratorium	[laboratorium]
methode (de)	metode	[metode]
molecule (de/het)	molekul	[molekul]
monitoring (de)	pemonitoran	[pemonitoran]
ontdekking (de)	penemuan	[penemuan]
postulaat (het)	postulat	[postulat]
principe (het)	prinsip	[prinsip]
voorspelling (de)	prakiraan	[prakira'an]
een prognose maken	memprakirakan	[memprakirakan]
synthese (de)	sintesis	[sintesis]
tendentie (de)	tendensi	[tendensi]
theorema (het)	teorema	[teorema]
leerstellingen (mv.)	ajaran	[adʒ¦aran]
feit (het)	fakta	[fakta]
expeditie (de)	ekspedisi	[ekspedisi]
experiment (het)	eksperimen	[eksperimen]
academicus (de)	akademikus	[akademikus]
bachelor (bijv. BA, LLB)	sarjana	[sardʒ¦ana]
doctor (de)	doktor	[doktor]

universitair docent (de)	**Profesor Madya**	[profesor madja]
master, magister (de)	**Master**	[master]
professor (de)	**profesor**	[profesor]

Beroepen en ambachten

85. Zoeken naar werk. Ontslag

baan (de)	kerja, pekerjaan	[kerdʒia], [pekerdʒia'an]
werknemers (mv.)	staf, personalia	[staf], [pərsonalia]
personeel (het)	staf, personel	[staf], [pərsonel]
carrière (de)	karier	[karier]
vooruitzichten (mv.)	perspektif	[pərspektif]
meesterschap (het)	keterampilan	[keterampilan]
keuze (de)	pilihan	[pilihan]
uitzendbureau (het)	biro tenaga kerja	[biro tenaga kerdʒia]
CV, curriculum vitae (het)	resume	[resume]
sollicitatiegesprek (het)	wawancara kerja	[wawantʃara kerdʒia]
vacature (de)	lowongan	[lowoŋan]
salaris (het)	gaji, upah	[gadʒi], [upah]
vaste salaris (het)	gaji tetap	[gadʒi tetap]
loon (het)	bayaran	[bajaran]
betrekking (de)	jabatan	[dʒiabatan]
taak, plicht (de)	tugas	[tugas]
takenpakket (het)	bidang tugas	[bidaŋ tugas]
bezig (~ zijn)	sibuk	[sibu']
ontslagen (ww)	memecat	[memetʃat]
ontslag (het)	pemecatan	[pemetʃatan]
werkloosheid (de)	pengangguran	[peŋaŋguran]
werkloze (de)	penggangur	[peŋgaŋgur]
pensioen (het)	pensiun	[pensiun]
met pensioen gaan	pensiun	[pensiun]

86. Zakenmensen

directeur (de)	direktur	[direktur]
beheerder (de)	manajer	[manadʒier]
hoofd (het)	bos, atasan	[bos], [atasan]
baas (de)	atasan	[atasan]
superieuren (mv.)	atasan	[atasan]
president (de)	presiden	[presiden]
voorzitter (de)	ketua, dirut	[ketua], [dirut]
adjunct (de)	wakil	[wakil]
assistent (de)	asisten	[asisten]

secretaris (de)	sekretaris	[sekretaris]
persoonlijke assistent (de)	asisten pribadi	[asisten pribadi]
zakenman (de)	pengusaha, pebisnis	[peŋusaha], [pebisnis]
ondernemer (de)	pengusaha	[peŋusaha]
oprichter (de)	pendiri	[pendiri]
oprichten	mendirikan	[məndirikan]
(een nieuw bedrijf ~)		
stichter (de)	pendiri	[pendiri]
partner (de)	mitra	[mitra]
aandeelhouder (de)	pemegang saham	[pemegaŋ saham]
miljonair (de)	jutawan	[dʒjutawan]
miljardair (de)	miliarder	[miliarder]
eigenaar (de)	pemilik	[pemiliʔ]
landeigenaar (de)	tuan tanah	[tuan tanah]
klant (de)	klien	[klien]
vaste klant (de)	klien tetap	[klien tetap]
koper (de)	pembeli	[pembeli]
bezoeker (de)	tamu	[tamu]
professioneel (de)	profesional	[profesional]
expert (de)	pakar, ahli	[pakar], [ahli]
specialist (de)	spesialis, ahli	[spesialis], [ahli]
bankier (de)	bankir	[bankir]
makelaar (de)	broker, pialang	[broker], [pialaŋ]
kassier (de)	kasir	[kasir]
boekhouder (de)	akuntan	[akuntan]
bewaker (de)	satpam, pengawal	[satpam], [peŋawal]
investeerder (de)	investor	[investor]
schuldenaar (de)	debitur	[debitur]
crediteur (de)	kreditor	[kreditor]
lener (de)	peminjam	[pemindʒjam]
importeur (de)	importir	[importir]
exporteur (de)	eksportir	[eksportir]
producent (de)	produsen	[produsen]
distributeur (de)	penyalur	[penjalur]
bemiddelaar (de)	perantara	[pərantara]
adviseur, consulent (de)	konsultan	[konsultan]
vertegenwoordiger (de)	perwakilan penjualan	[pərwakilan pendʒjualan]
agent (de)	agen	[agen]
verzekeringsagent (de)	agen asuransi	[agen asuransi]

87. Dienstverlenende beroepen

kok (de)	koki, juru masak	[koki], [dʒjuru masaʔ]
chef-kok (de)	koki kepala	[koki kepala]

bakker (de)	**pembuat roti**	[pembuat roti]
barman (de)	**pelayan bar**	[pelajan bar]
kelner, ober (de)	**pelayan lelaki**	[pelajan lelaki]
serveerster (de)	**pelayan perempuan**	[pelajan pərempuan]
advocaat (de)	**advokat, pengacara**	[advokat], [peŋatʃara]
jurist (de)	**ahli hukum**	[ahli hukum]
notaris (de)	**notaris**	[notaris]
elektricien (de)	**tukang listrik**	[tukaŋ listriʔ]
loodgieter (de)	**tukang pipa**	[tukaŋ pipa]
timmerman (de)	**tukang kayu**	[tukaŋ kaju]
masseur (de)	**tukang pijat lelaki**	[tukaŋ pidʒʲat lelaki]
masseuse (de)	**tukang pijat perempuan**	[tukaŋ pidʒʲat pərempuan]
dokter, arts (de)	**dokter**	[dokter]
taxichauffeur (de)	**sopir taksi**	[sopir taksi]
chauffeur (de)	**sopir**	[sopir]
koerier (de)	**kurir**	[kurir]
kamermeisje (het)	**pelayan kamar**	[pelajan kamar]
bewaker (de)	**satpam, pengawal**	[satpam], [peŋawal]
stewardess (de)	**pramugari**	[pramugari]
meester (de)	**guru**	[guru]
bibliothecaris (de)	**pustakawan**	[pustakawan]
vertaler (de)	**penerjemah**	[penerdʒʲemah]
tolk (de)	**juru bahasa**	[dʒʲuru bahasa]
gids (de)	**pemandu wisata**	[pemandu wisata]
kapper (de)	**tukang cukur**	[tukaŋ tʃukur]
postbode (de)	**tukang pos**	[tukaŋ pos]
verkoper (de)	**pramuniaga**	[pramuniaga]
tuinman (de)	**tukang kebun**	[tukaŋ kebun]
huisbediende (de)	**pramuwisma**	[pramuwisma]
dienstmeisje (het)	**pramuwisma**	[pramuwisma]
schoonmaakster (de)	**pembersih ruangan**	[pembersih ruaŋan]

88. Militaire beroepen en rangen

soldaat (rang)	**prajurit**	[pradʒʲurit]
sergeant (de)	**sersan**	[sersan]
luitenant (de)	**letnan**	[letnan]
kapitein (de)	**kapten**	[kapten]
majoor (de)	**mayor**	[major]
kolonel (de)	**kolonel**	[kolonel]
generaal (de)	**jenderal**	[dʒʲenderal]
maarschalk (de)	**marsekal**	[marsekal]
admiraal (de)	**laksamana**	[laksamana]
militair (de)	**anggota militer**	[aŋgota militer]
soldaat (de)	**tentara, serdadu**	[tentara], [serdadu]

| officier (de) | perwira | [pərwira] |
| commandant (de) | komandan | [komandan] |

grenswachter (de)	penjaga perbatasan	[pendʒˈaga perbatasan]
marconist (de)	operator radio	[operator radio]
verkenner (de)	pengintai	[peŋintaj]
sappeur (de)	pencari ranjau	[pentʃari randʒˈau]
schutter (de)	petembak	[petembaʔ]
stuurman (de)	navigator, penavigasi	[navigator], [penavigasi]

89. Ambtenaren. Priesters

| koning (de) | raja | [radʒˈa] |
| koningin (de) | ratu | [ratu] |

| prins (de) | pangeran | [paŋeran] |
| prinses (de) | putri | [putri] |

| tsaar (de) | tsar, raja | [tsar], [radʒˈa] |
| tsarina (de) | tsarina, ratu | [tsarina], [ratu] |

president (de)	presiden	[presiden]
minister (de)	Menteri Sekretaris	[mənteri sekretaris]
eerste minister (de)	perdana menteri	[pərdana menteri]
senator (de)	senator	[senator]

diplomaat (de)	diplomat	[diplomat]
consul (de)	konsul	[konsul]
ambassadeur (de)	duta besar	[duta besar]
adviseur (de)	penasihat	[penasihat]

ambtenaar (de)	petugas	[petugas]
prefect (de)	prefek	[prefeʔ]
burgemeester (de)	walikota	[walikota]

| rechter (de) | hakim | [hakim] |
| aanklager (de) | kejaksaan negeri | [kedʒˈaksaʔan negeri] |

missionaris (de)	misionaris	[misionaris]
monnik (de)	biarawan, rahib	[biarawan], [rahib]
abt (de)	abbas	[abbas]
rabbi, rabbijn (de)	rabbi	[rabbi]

vizier (de)	wazir	[wazir]
sjah (de)	syah	[ʃah]
sjeik (de)	syeikh	[ʃejh]

90. Agrarische beroepen

imker (de)	peternak lebah	[peternaʔ lebah]
herder (de)	penggembala	[peŋgembala]
landbouwkundige (de)	agronom	[agronom]

veehouder (de)	peternak	[peterna?]
dierenarts (de)	dokter hewan	[dokter hewan]
landbouwer (de)	petani	[petani]
wijnmaker (de)	pembuat anggur	[pembuat aŋgur]
zoöloog (de)	zoolog	[zoolog]
cowboy (de)	koboi	[koboi]

91. Kunst beroepen

acteur (de)	aktor	[aktor]
actrice (de)	aktris	[aktris]
zanger (de)	biduan	[biduan]
zangeres (de)	biduanita	[biduanita]
danser (de)	penari lelaki	[penari lelaki]
danseres (de)	penari perempuan	[penari pərempuan]
artiest (mann.)	artis	[artis]
artiest (vrouw.)	artis	[artis]
muzikant (de)	musisi, musikus	[musisi], [musikus]
pianist (de)	pianis	[pianis]
gitarist (de)	pemain gitar	[pemajn gitar]
orkestdirigent (de)	konduktor	[konduktor]
componist (de)	komposer, komponis	[komposer], [komponis]
impresario (de)	impresario	[impresario]
filmregisseur (de)	sutradara	[sutradara]
filmproducent (de)	produser	[produser]
scenarioschrijver (de)	penulis skenario	[penulis skenario]
criticus (de)	kritikus	[kritikus]
schrijver (de)	penulis	[penulis]
dichter (de)	penyair	[penjajr]
beeldhouwer (de)	pematung	[pematuŋ]
kunstenaar (de)	perupa	[pərupa]
jongleur (de)	juggler	[dʒ/uggler]
clown (de)	badut	[badut]
acrobaat (de)	akrobat	[akrobat]
goochelaar (de)	pesulap	[pesulap]

92. Verschillende beroepen

dokter, arts (de)	dokter	[dokter]
ziekenzuster (de)	suster, juru rawat	[suster], [dʒ/uru rawat]
psychiater (de)	psikiater	[psikiater]
tandarts (de)	dokter gigi	[dokter gigi]
chirurg (de)	dokter bedah	[dokter bedah]

astronaut (de)	**astronaut**	[astronaut]
astronoom (de)	**astronom**	[astronom]
piloot (de)	**pilot**	[pilot]
chauffeur (de)	**sopir**	[sopir]
machinist (de)	**masinis**	[masinis]
mecanicien (de)	**mekanik**	[mekaniʔ]
mijnwerker (de)	**penambang**	[penambaŋ]
arbeider (de)	**buruh, pekerja**	[buruh], [pekerdʒʲa]
bankwerker (de)	**tukang kikir**	[tukaŋ kikir]
houtbewerker (de)	**tukang kayu**	[tukaŋ kaju]
draaier (de)	**tukang bubut**	[tukaŋ bubut]
bouwvakker (de)	**buruh bangunan**	[buruh baŋunan]
lasser (de)	**tukang las**	[tukaŋ las]
professor (de)	**profesor**	[profesor]
architect (de)	**arsitek**	[arsiteʔ]
historicus (de)	**sejarawan**	[sedʒʲarawan]
wetenschapper (de)	**ilmuwan**	[ilmuwan]
fysicus (de)	**fisikawan**	[fisikawan]
scheikundige (de)	**kimiawan**	[kimiawan]
archeoloog (de)	**arkeolog**	[arkeolog]
geoloog (de)	**geolog**	[geolog]
onderzoeker (de)	**periset, peneliti**	[periset], [peneliti]
babysitter (de)	**pengasuh anak**	[peŋasuh anaʔ]
leraar, pedagoog (de)	**guru, pendidik**	[guru], [pendidiʔ]
redacteur (de)	**editor, penyunting**	[editor], [penyuntiŋ]
chef-redacteur (de)	**editor kepala**	[editor kepala]
correspondent (de)	**koresponden**	[koresponden]
typiste (de)	**juru ketik**	[dʒʲuru ketiʔ]
designer (de)	**desainer, perancang**	[desajner], [perantʃaŋ]
computerexpert (de)	**ahli komputer**	[ahli komputer]
programmeur (de)	**pemrogram**	[pemrogram]
ingenieur (de)	**insinyur**	[insinyur]
matroos (de)	**pelaut**	[pelaut]
zeeman (de)	**kelasi**	[kelasi]
redder (de)	**penyelamat**	[penjelamat]
brandweerman (de)	**pemadam kebakaran**	[pemadam kebakaran]
politieagent (de)	**polisi**	[polisi]
nachtwaker (de)	**penjaga**	[pendʒʲaga]
detective (de)	**detektif**	[detektif]
douanier (de)	**petugas pabean**	[petugas pabean]
lijfwacht (de)	**pengawal pribadi**	[peŋawal pribadi]
gevangenisbewaker (de)	**sipir, penjaga penjara**	[sipir], [pendʒʲaga pendʒʲara]
inspecteur (de)	**inspektur**	[inspektur]
sportman (de)	**olahragawan**	[olahragawan]
trainer (de)	**pelatih**	[pelatih]

slager, beenhouwer (de)	**tukang daging**	[tukaŋ dagiŋ]
schoenlapper (de)	**tukang sepatu**	[tukaŋ sepatu]
handelaar (de)	**pedagang**	[pedagaŋ]
lader (de)	**kuli**	[kuli]
kledingstilist (de)	**perancang busana**	[pərantʃaŋ busana]
model (het)	**peragawati**	[pəragawati]

93. Beroepen. Sociale status

scholier (de)	**siswa**	[siswa]
student (de)	**mahasiswa**	[mahasiswa]
filosoof (de)	**filsuf**	[filsuf]
econoom (de)	**ahli ekonomi**	[ahli ekonomi]
uitvinder (de)	**penemu**	[penemu]
werkloze (de)	**pengganggur**	[peŋgaŋgur]
gepensioneerde (de)	**pensiunan**	[pensiunan]
spion (de)	**mata-mata**	[mata-mata]
gedetineerde (de)	**tahanan**	[tahanan]
staker (de)	**pemogok**	[pemogoʔ]
bureaucraat (de)	**birokrat**	[birokrat]
reiziger (de)	**pelancong**	[pelantʃoŋ]
homoseksueel (de)	**homo, homoseksual**	[homo], [homoseksual]
hacker (computerkraker)	**peretas**	[peretas]
hippie (de)	**hipi**	[hipi]
bandiet (de)	**bandit**	[bandit]
huurmoordenaar (de)	**pembunuh bayaran**	[pembunuh bajaran]
drugsverslaafde (de)	**pecandu narkoba**	[petʃandu narkoba]
drugshandelaar (de)	**pengedar narkoba**	[peŋedar narkoba]
prostituee (de)	**pelacur**	[pelatʃur]
pooier (de)	**germo**	[germo]
tovenaar (de)	**penyihir lelaki**	[penjihir lelaki]
tovenares (de)	**penyihir perempuan**	[penjihir perempuan]
piraat (de)	**bajak laut**	[badʒaʔ laut]
slaaf (de)	**budak**	[budaʔ]
samoerai (de)	**samurai**	[samuraj]
wilde (de)	**orang primitif**	[oraŋ primitif]

Onderwijs

94. School

school (de)	sekolah	[sekolah]
schooldirecteur (de)	kepala sekolah	[kepala sekolah]
leerling (de)	murid laki-laki	[murid laki-laki]
leerlinge (de)	murid perempuan	[murid perempuan]
scholier (de)	siswa	[siswa]
scholiere (de)	siswi	[siswi]
leren (lesgeven)	mengajar	[mənadʒʲar]
studeren (bijv. een taal ~)	belajar	[beladʒʲar]
van buiten leren	menghafalkan	[məŋhafalkan]
leren (bijv. ~ tellen)	belajar	[beladʒʲar]
in school zijn (schooljongen zijn)	bersekolah	[bərsekolah]
naar school gaan	ke sekolah	[ke sekolah]
alfabet (het)	alfabet, abjad	[alfabet], [abdʒʲad]
vak (schoolvak)	subjek, mata pelajaran	[subdʒʲek], [mata peladʒʲaran]
klaslokaal (het)	ruang kelas	[ruaŋ kelas]
les (de)	pelajaran	[peladʒʲaran]
pauze (de)	waktu istirahat	[waktu istirahat]
bel (de)	lonceng	[lontʃeŋ]
schooltafel (de)	bangku sekolah	[baŋku sekolah]
schoolbord (het)	papan tulis hitam	[papan tulis hitam]
cijfer (het)	nilai	[nilaj]
goed cijfer (het)	nilai baik	[nilaj bajʔ]
slecht cijfer (het)	nilai jelek	[nilaj dʒʲeleʔ]
een cijfer geven	memberikan nilai	[memberikan nilaj]
fout (de)	kesalahan	[kesalahan]
fouten maken	melakukan kesalahan	[melakukan kesalahan]
corrigeren (fouten ~)	mengoreksi	[məŋoreksi]
spiekbriefje (het)	contekan	[tʃontekan]
huiswerk (het)	pekerjaan rumah	[pekerdʒʲaʔan rumah]
oefening (de)	latihan	[latihan]
aanwezig zijn (ww)	hadir	[hadir]
absent zijn (ww)	absen, tidak hadir	[absen], [tidaʔ hadir]
school verzuimen	absen dari sekolah	[absen dari sekolah]
bestraffen (een stout kind ~)	menghukum	[məŋhukum]
bestraffing (de)	hukuman	[hukuman]

gedrag (het)	perilaku	[pərilaku]
cijferlijst (de)	rapor	[rapor]
potlood (het)	pensil	[pensil]
gom (de)	karet penghapus	[karet peŋhapus]
krijt (het)	kapur	[kapur]
pennendoos (de)	kotak pensil	[kota' pensil]

boekentas (de)	tas sekolah	[tas sekolah]
pen (de)	pen	[pen]
schrift (de)	buku tulis	[buku tulis]
leerboek (het)	buku pelajaran	[buku pelaʤʲaran]
passer (de)	paser, jangka	[paser], [ʤʲaŋka]

technisch tekenen (ww)	menggambar	[məŋgambar]
technische tekening (de)	gambar teknik	[gambar tekniʔ]

gedicht (het)	puisi, sajak	[puisi], [saʤʲaʔ]
van buiten (bw)	hafal	[hafal]
van buiten leren	menghafalkan	[məŋhafalkan]

vakantie (de)	liburan sekolah	[liburan sekolah]
met vakantie zijn	berlibur	[bərlibur]
vakantie doorbrengen	menjalani liburan	[mənʤʲalani liburan]

toets (schriftelijke ~)	tes, kuis	[tes], [kuis]
opstel (het)	esai, karangan	[esaj], [karaŋan]
dictee (het)	dikte	[dikte]
examen (het)	ujian	[uʤian]
examen afleggen	menempuh ujian	[mənempuh uʤian]
experiment (het)	eksperimen	[eksperimen]

95. Hogeschool. Universiteit

academie (de)	akademi	[akademi]
universiteit (de)	universitas	[universitas]
faculteit (de)	fakultas	[fakultas]

student (de)	mahasiswa	[mahasiswa]
studente (de)	mahasiswi	[mahasiswi]
leraar (de)	dosen	[dosen]

collegezaal (de)	ruang kuliah	[ruaŋ kuliah]
afgestudeerde (de)	lulusan	[lulusan]

diploma (het)	ijazah	[iʤʲazah]
dissertatie (de)	disertasi	[disertasi]

onderzoek (het)	penelitian	[penelitian]
laboratorium (het)	laboratorium	[laboratorium]

college (het)	kuliah	[kuliah]
medestudent (de)	rekan sekuliah	[rekan sekuliah]
studiebeurs (de)	beasiswa	[beasiswa]
academische graad (de)	gelar akademik	[gelar akademiʔ]

96. Wetenschappen. Disciplines

wiskunde (de)	matematika	[matematika]
algebra (de)	aljabar	[aldʒabar]
meetkunde (de)	geometri	[geometri]
astronomie (de)	astronomi	[astronomi]
biologie (de)	biologi	[biologi]
geografie (de)	geografi	[geografi]
geologie (de)	geologi	[geologi]
geschiedenis (de)	sejarah	[sedʒarah]
geneeskunde (de)	kedokteran	[kedokteran]
pedagogiek (de)	pedagogi	[pedagogi]
rechten (mv.)	hukum	[hukum]
fysica, natuurkunde (de)	fisika	[fisika]
scheikunde (de)	kimia	[kimia]
filosofie (de)	filsafat	[filsafat]
psychologie (de)	psikologi	[psikologi]

97. Schrift. Spelling

grammatica (de)	tatabahasa	[tatabahasa]
vocabulaire (het)	kosakata	[kosakata]
fonetiek (de)	fonetik	[foneti']
zelfstandig naamwoord (het)	nomina	[nomina]
bijvoeglijk naamwoord (het)	adjektiva	[adʒektiva]
werkwoord (het)	verba	[verba]
bijwoord (het)	adverbia	[adverbia]
voornaamwoord (het)	kata ganti	[kata ganti]
tussenwerpsel (het)	kata seru	[kata seru]
voorzetsel (het)	preposisi, kata depan	[preposisi], [kata depan]
stam (de)	kata dasar	[kata dasar]
achtervoegsel (het)	akhiran	[ahiran]
voorvoegsel (het)	prefiks, awalan	[prefiks], [awalan]
lettergreep (de)	suku kata	[suku kata]
achtervoegsel (het)	sufiks, akhiran	[sufiks], [ahiran]
nadruk (de)	tanda tekanan	[tanda tekanan]
afkappingsteken (het)	apostrofi	[apostrofi]
punt (de)	titik	[titi']
komma (de/het)	koma	[koma]
puntkomma (de)	titik koma	[titi' koma]
dubbelpunt (de)	titik dua	[titi' dua]
beletselteken (het)	elipsis, lesapan	[elipsis], [lesapan]
vraagteken (het)	tanda tanya	[tanda tanja]
uitroepteken (het)	tanda seru	[tanda seru]

aanhalingstekens (mv.)	tanda petik	[tanda peti']
tussen aanhalingstekens (bw)	dalam tanda petik	[dalam tanda peti']
haakjes (mv.)	tanda kurung	[tanda kuruŋ]
tussen haakjes (bw)	dalam tanda kurung	[dalam tanda kuruŋ]
streepje (het)	tanda pisah	[tanda pisah]
gedachtestreepje (het)	tanda hubung	[tanda hubuŋ]
spatie	spasi	[spasi]
(~ tussen twee woorden)		
letter (de)	huruf	[huruf]
hoofdletter (de)	huruf kapital	[huruf kapital]
klinker (de)	vokal	[vokal]
medeklinker (de)	konsonan	[konsonan]
zin (de)	kalimat	[kalimat]
onderwerp (het)	subjek	[subdʒʲe']
gezegde (het)	predikat	[predikat]
regel (in een tekst)	baris	[baris]
op een nieuwe regel (bw)	di baris baru	[di baris baru]
alinea (de)	alinea, paragraf	[alinea], [paragraf]
woord (het)	kata	[kata]
woordgroep (de)	rangkaian kata	[raŋkajan kata]
uitdrukking (de)	ungkapan	[uŋkapan]
synoniem (het)	sinonim	[sinonim]
antoniem (het)	antonim	[antonim]
regel (de)	peraturan	[peraturan]
uitzondering (de)	perkecualian	[perketʃualian]
correct (bijv. ~e spelling)	benar, betul	[benar], [betul]
vervoeging, conjugatie (de)	konjugasi	[kondʒʲugasi]
verbuiging, declinatie (de)	deklinasi	[deklinasi]
naamval (de)	kasus nominal	[kasus nominal]
vraag (de)	pertanyaan	[pertanja'an]
onderstrepen (ww)	menggaris bawahi	[meŋgaris bawahi]
stippellijn (de)	garis bertitik	[garis bertiti']

98. Vreemde talen

taal (de)	bahasa	[bahasa]
vreemd (bn)	asing	[asiŋ]
vreemde taal (de)	bahasa asing	[bahasa asiŋ]
leren (bijv. van buiten ~)	mempelajari	[mempeladʒʲari]
studeren (Nederlands ~)	belajar	[beladʒʲar]
lezen (ww)	membaca	[membatʃa]
spreken (ww)	berbicara	[berbitʃara]
begrijpen (ww)	mengerti	[meŋerti]
schrijven (ww)	menulis	[menulis]
snel (bw)	cepat, fasih	[tʃepat], [fasih]

langzaam (bw)	perlahan-lahan	[pərlahan-lahan]
vloeiend (bw)	fasih	[fasih]
regels (mv.)	peraturan	[pəraturan]
grammatica (de)	tatabahasa	[tatabahasa]
vocabulaire (het)	kosakata	[kosakata]
fonetiek (de)	fonetik	[foneti ʔ]
leerboek (het)	buku pelajaran	[buku peladʒ ʲaran]
woordenboek (het)	kamus	[kamus]
leerboek (het) voor zelfstudie	buku autodidak	[buku autodida ʔ]
taalgids (de)	panduan percakapan	[panduan pərtʃakapan]
cassette (de)	kaset	[kaset]
videocassette (de)	kaset video	[kaset video]
CD (de)	cakram kompak	[tʃakram kompa ʔ]
DVD (de)	cakram DVD	[tʃakram di-vi-di]
alfabet (het)	alfabet, abjad	[alfabet], [abdʒ ʲad]
spellen (ww)	mengeja	[məŋedʒ ʲa]
uitspraak (de)	pelafalan	[pelafalan]
accent (het)	aksen	[aksen]
met een accent (bw)	dengan aksen	[deŋan aksen]
zonder accent (bw)	tanpa aksen	[tanpa aksen]
woord (het)	kata	[kata]
betekenis (de)	arti	[arti]
cursus (de)	kursus	[kursus]
zich inschrijven (ww)	Mendaftar	[məndaftar]
leraar (de)	guru	[guru]
vertaling (een ~ maken)	penerjemahan	[penerdʒ ʲemahan]
vertaling (tekst)	terjemahan	[tərdʒ ʲemahan]
vertaler (de)	penerjemah	[penerdʒ ʲemah]
tolk (de)	juru bahasa	[dʒ ʲuru bahasa]
polyglot (de)	poliglot	[poliglot]
geheugen (het)	memori, daya ingat	[memori], [daja iŋat]

Rusten. Entertainment. Reizen

99. Trip. Reizen

toerisme (het)	pariwisata	[pariwisata]
toerist (de)	turis, wisatawan	[turis], [wisatawan]
reis (de)	pengembaraan	[peŋembara'an]
avontuur (het)	petualangan	[petualaŋan]
tocht (de)	perjalanan, lawatan	[pərdʒʲalanan], [lawatan]
vakantie (de)	liburan	[liburan]
met vakantie zijn	berlibur	[berlibur]
rust (de)	istirahat	[istirahat]
trein (de)	kereta api	[kereta api]
met de trein	naik kereta api	[nai' kereta api]
vliegtuig (het)	pesawat terbang	[pesawat tərbaŋ]
met het vliegtuig	naik pesawat terbang	[nai' pesawat tərbaŋ]
met de auto	naik mobil	[nai' mobil]
per schip (bw)	naik kapal	[nai' kapal]
bagage (de)	bagasi	[bagasi]
valies (de)	koper	[koper]
bagagekarretje (het)	troli bagasi	[troli bagasi]
paspoort (het)	paspor	[paspor]
visum (het)	visa	[visa]
kaartje (het)	tiket	[tiket]
vliegticket (het)	tiket pesawat terbang	[tiket pesawat tərbaŋ]
reisgids (de)	buku pedoman	[buku pedoman]
kaart (de)	peta	[peta]
gebied (landelijk ~)	kawasan	[kawasan]
plaats (de)	tempat	[tempat]
exotische bestemming (de)	keeksotisan	[keeksotisan]
exotisch (bn)	eksotis	[eksotis]
verwonderlijk (bn)	menakjubkan	[mənakdʒʲubkan]
groep (de)	kelompok	[kelompo']
rondleiding (de)	ekskursi	[ekskursi]
gids (de)	pemandu wisata	[pemandu wisata]

100. Hotel

motel (het)	motel	[motel]
3-sterren	bintang tiga	[bintaŋ tiga]
5-sterren	bintang lima	[bintaŋ lima]

overnachten (ww)	menginap	[məɲinap]
kamer (de)	kamar	[kamar]
eenpersoonskamer (de)	kamar tunggal	[kamar tuŋgal]
tweepersoonskamer (de)	kamar ganda	[kamar ganda]
een kamer reserveren	memesan kamar	[memesan kamar]
halfpension (het)	sewa setengah	[sewa setəŋah]
volpension (het)	sewa penuh	[sewa penuh]
met badkamer	dengan kamar mandi	[deŋan kamar mandi]
met douche	dengan pancuran	[deŋan pantʃuran]
satelliet-tv (de)	televisi satelit	[televisi satelit]
airconditioner (de)	penyejuk udara	[penjedʒʲuʔ udara]
handdoek (de)	handuk	[handuʔ]
sleutel (de)	kunci	[kuntʃi]
administrateur (de)	administrator	[administrator]
kamermeisje (het)	pelayan kamar	[pelajan kamar]
piccolo (de)	porter	[porter]
portier (de)	pramupintu	[pramupintu]
restaurant (het)	restoran	[restoran]
bar (de)	bar	[bar]
ontbijt (het)	makan pagi, sarapan	[makan pagi], [sarapan]
avondeten (het)	makan malam	[makan malam]
buffet (het)	prasmanan	[prasmanan]
hal (de)	lobi	[lobi]
lift (de)	elevator	[elevator]
NIET STOREN	JANGAN MENGGANGGU	[dʒʲaŋan məŋgaŋgu]
VERBODEN TE ROKEN!	DILARANG MEROKOK!	[dilaraŋ merokoʔ!]

TECHNISCHE APPARATUUR. VERVOER

Technische apparatuur

101. Computer

computer (de)	komputer	[komputer]
laptop (de)	laptop	[laptop]
aanzetten (ww)	menyalakan	[mənjalakan]
uitzetten (ww)	mematikan	[mematikan]
toetsenbord (het)	keyboard, papan tombol	[keybor], [papan tombol]
toets (enter~)	tombol	[tombol]
muis (de)	tetikus	[tetikus]
muismat (de)	bantal tetikus	[bantal tetikus]
knopje (het)	tombol	[tombol]
cursor (de)	kursor	[kursor]
monitor (de)	monitor	[monitor]
scherm (het)	layar	[lajar]
harde schijf (de)	hard disk, cakram keras	[hard disk], [tʃakram keras]
volume (het) van de harde schijf	kapasitas cakram keras	[kapasitas tʃakram keras]
geheugen (het)	memori	[memori]
RAM-geheugen (het)	memori akses acak	[memori akses atʃaʔ]
bestand (het)	file, berkas	[file], [bərkas]
folder (de)	folder	[folder]
openen (ww)	membuka	[membuka]
sluiten (ww)	menutup	[mənutup]
opslaan (ww)	menyimpan	[mənjimpan]
verwijderen (wissen)	menghapus	[məŋhapus]
kopiëren (ww)	menyalin	[mənjalin]
sorteren (ww)	menyortir	[mənjortir]
overplaatsen (ww)	mentransfer	[məntransfer]
programma (het)	program	[program]
software (de)	perangkat lunak	[peraŋkat lunaʔ]
programmeur (de)	pemrogram	[pemrogram]
programmeren (ww)	memprogram	[memprogram]
hacker (computerkraker)	peretas	[peretas]
wachtwoord (het)	kata sandi	[kata sandi]
virus (het)	virus	[virus]
ontdekken (virus ~)	mendeteksi	[məndeteksi]

byte (de)	bita	[bita]
megabyte (de)	megabita	[megabita]
data (de)	data	[data]
databank (de)	basis data, pangkalan data	[basis data], [paŋkalan data]
kabel (USB-~, enz.)	kabel	[kabel]
afsluiten (ww)	melepaskan	[melepaskan]
aansluiten op (ww)	menyambungkan	[mənjambuŋkan]

102. Internet. E-mail

internet (het)	Internet	[internet]
browser (de)	peramban	[peramban]
zoekmachine (de)	mesin telusur	[mesin telusur]
internetprovider (de)	provider	[provider]
webmaster (de)	webmaster, perancang web	[webmaster], [perantʃaŋ web]
website (de)	situs web	[situs web]
webpagina (de)	halaman web	[halaman web]
adres (het)	alamat	[alamat]
adresboek (het)	buku alamat	[buku alamat]
postvak (het)	kotak surat	[kotaʔ surat]
post (de)	surat	[surat]
vol (~ postvak)	penuh	[penuh]
bericht (het)	pesan	[pesan]
binnenkomende berichten (mv.)	pesan masuk	[pesan masuʔ]
uitgaande berichten (mv.)	pesan keluar	[pesan keluar]
verzender (de)	pengirim	[peŋirim]
verzenden (ww)	mengirim	[məŋirim]
verzending (de)	pengiriman	[peŋiriman]
ontvanger (de)	penerima	[penerima]
ontvangen (ww)	menerima	[mənerima]
correspondentie (de)	surat-menyurat	[surat-menyurat]
corresponderen (met ...)	surat-menyurat	[surat-menyurat]
bestand (het)	file, berkas	[file], [berkas]
downloaden (ww)	mengunduh	[məŋunduh]
creëren (ww)	membuat	[membuat]
verwijderen (een bestand ~)	menghapus	[məŋhapus]
verwijderd (bn)	terhapus	[terhapus]
verbinding (de)	koneksi	[koneksi]
snelheid (de)	kecepatan	[ketʃepatan]
modem (de)	modem	[modem]
toegang (de)	akses	[akses]
poort (de)	porta	[porta]

aansluiting (de)	koneksi	[koneksi]
zich aansluiten (ww)	terhubung ke ...	[tərhubuŋ ke ...]
selecteren (ww)	memilih	[memilih]
zoeken (ww)	mencari ...	[məntʃari ...]

103. Elektriciteit

elektriciteit (de)	listrik	[listriʔ]
elektrisch (bn)	listrik	[listriʔ]
elektriciteitscentrale (de)	pembangkit listrik	[pembaŋkit listriʔ]
energie (de)	energi, tenaga	[energi], [tenaga]
elektrisch vermogen (het)	tenaga listrik	[tenaga listriʔ]
lamp (de)	bohlam	[bohlam]
zaklamp (de)	lentera	[lentera]
straatlantaarn (de)	lampu jalan	[lampu dʒjalan]
licht (elektriciteit)	lampu	[lampu]
aandoen (ww)	menyalakan	[mənjalakan]
uitdoen (ww)	mematikan	[mematikan]
het licht uitdoen	mematikan lampu	[mematikan lampu]
doorbranden (gloeilamp)	mati	[mati]
kortsluiting (de)	korsleting	[korsletiŋ]
onderbreking (de)	kabel putus	[kabel putus]
contact (het)	kontak	[kontaʔ]
schakelaar (de)	sakelar	[sakelar]
stopcontact (het)	colokan	[tʃolokan]
stekker (de)	steker	[steker]
verlengsnoer (de)	kabel ekstensi	[kabel ekstensi]
zekering (de)	sekering	[sekeriŋ]
kabel (de)	kabel, kawat	[kabel], [kawat]
bedrading (de)	rangkaian kabel	[raŋkajan kabel]
ampère (de)	ampere	[ampere]
stroomsterkte (de)	kuat arus listrik	[kuat arus listriʔ]
volt (de)	volt	[volt]
spanning (de)	voltase	[voltase]
elektrisch toestel (het)	perkakas listrik	[pərkakas listriʔ]
indicator (de)	indikator	[indikator]
elektricien (de)	tukang listrik	[tukaŋ listriʔ]
solderen (ww)	mematri	[mematri]
soldeerbout (de)	besi solder	[besi solder]
stroom (de)	arus listrik	[arus listriʔ]

104. Gereedschappen

werktuig (stuk gereedschap)	alat	[alat]
gereedschap (het)	peralatan	[pəralatan]

uitrusting (de)	perlengkapan	[pərleŋkapan]
hamer (de)	martil, palu	[martil], [palu]
schroevendraaier (de)	obeng	[obeŋ]
bijl (de)	kapak	[kapaʔ]
zaag (de)	gergaji	[gergadʒi]
zagen (ww)	menggergaji	[məŋgergadʒi]
schaaf (de)	serut	[serut]
schaven (ww)	menyerut	[mənjerut]
soldeerbout (de)	besi solder	[besi solder]
solderen (ww)	mematri	[mematri]
vijl (de)	kikir	[kikir]
nijptang (de)	tang	[taŋ]
combinatietang (de)	catut	[tʃatut]
beitel (de)	pahat	[pahat]
boorkop (de)	mata bor	[mata bor]
boormachine (de)	bor listrik	[bor listriʔ]
boren (ww)	mengebor	[məŋebor]
mes (het)	pisau	[pisau]
zakmes (het)	pisau saku	[pisau saku]
knip- (abn)	pisau lipat	[pisau lipat]
lemmet (het)	mata pisau	[mata pisau]
scherp (bijv. ~ mes)	tajam	[tadʒˈam]
bot (bn)	tumpul	[tumpul]
bot raken (ww)	menjadi tumpul	[məndʒˈadi tumpul]
slijpen (een mes ~)	mengasah	[məŋasah]
bout (de)	baut	[baut]
moer (de)	mur	[mur]
schroefdraad (de)	ulir	[ulir]
houtschroef (de)	sekrup	[sekrup]
nagel (de)	paku	[paku]
kop (de)	paku payung	[paku pajuŋ]
liniaal (de/het)	mistar, penggaris	[mistar], [peŋgaris]
rolmeter (de)	meteran	[meteran]
waterpas (de/het)	pengukur kedataran	[peŋukur kedataran]
loep (de)	kaca pembesar	[katʃa pembesar]
meetinstrument (het)	alat ukur	[alat ukur]
opmeten (ww)	mengukur	[məŋukur]
schaal (meetschaal)	skala	[skala]
gegevens (mv.)	pencatatan	[pentʃatatan]
compressor (de)	kompresor	[kompresor]
microscoop (de)	mikroskop	[mikroskop]
pomp (de)	pompa	[pompa]
robot (de)	robot	[robot]
laser (de)	laser	[laser]
moersleutel (de)	kunci pas	[kuntʃi pas]

plakband (de)	selotip	[selotip]
lijm (de)	lem	[lem]

schuurpapier (het)	kertas amplas	[kertas amplas]
veer (de)	pegas, per	[pegas], [pər]
magneet (de)	magnet	[magnet]
handschoenen (mv.)	sarung tangan	[saruŋ taŋan]

touw (bijv. henneptouw)	tali	[tali]
snoer (het)	tambang, tali	[tambaŋ], [tali]
draad (de)	kabel, kawat	[kabel], [kawat]
kabel (de)	kabel, kawat	[kabel], [kawat]

moker (de)	palu godam	[palu godam]
breekijzer (het)	linggis	[liŋgis]
ladder (de)	tangga	[taŋga]
trapje (inklapbaar ~)	tangga	[taŋga]

aanschroeven (ww)	mengencangkan	[məŋentʃaŋkan]
losschroeven (ww)	mengendurkan	[məŋendurkan]
dichtpersen (ww)	mengencangkan	[məŋentʃaŋkan]
vastlijmen (ww)	menempelkan	[mənempelkan]
snijden (ww)	memotong	[memotoŋ]

defect (het)	malafungsi, kerusakan	[malafuŋsi], [kerusakan]
reparatie (de)	perbaikan	[pərbajkan]
repareren (ww)	mereparasi, memperbaiki	[mereparasi], [memperbajki]
regelen (een machine ~)	menyetel	[mənetel]

nakijken (ww)	memeriksa	[memeriksa]
controle (de)	pemeriksaan	[pemeriksaʔan]
gegevens (mv.)	pencatatan	[pentʃatatan]

degelijk (bijv. ~ machine)	andal	[andal]
ingewikkeld (bn)	rumit	[rumit]

roesten (ww)	berkarat, karatan	[bərkarat], [karatan]
roestig (bn)	berkarat, karatan	[bərkarat], [karatan]
roest (de/het)	karat	[karat]

Vervoer

105. Vliegtuig

vliegtuig (het)	pesawat terbang	[pesawat tərbaŋ]
vliegticket (het)	tiket pesawat terbang	[tiket pesawat tərbaŋ]
luchtvaartmaatschappij (de)	maskapai penerbangan	[maskapaj penerbaŋan]
luchthaven (de)	bandara	[bandara]
supersonisch (bn)	supersonik	[supersoniʔ]
gezagvoerder (de)	kapten	[kapten]
bemanning (de)	awak	[awaʔ]
piloot (de)	pilot	[pilot]
stewardess (de)	pramugari	[pramugari]
stuurman (de)	navigator, penavigasi	[navigator], [penavigasi]
vleugels (mv.)	sayap	[sajap]
staart (de)	ekor	[ekor]
cabine (de)	kokpit	[kokpit]
motor (de)	mesin	[mesin]
landingsgestel (het)	roda pendarat	[roda pendarat]
turbine (de)	turbin	[turbin]
propeller (de)	baling-baling	[baliŋ-baliŋ]
zwarte doos (de)	kotak hitam	[kotaʔ hitam]
stuur (het)	kemudi	[kemudi]
brandstof (de)	bahan bakar	[bahan bakar]
veiligheidskaart (de)	instruksi keselamatan	[instruksi keselamatan]
zuurstofmasker (het)	masker oksigen	[masker oksigen]
uniform (het)	seragam	[seragam]
reddingsvest (de)	jaket pelampung	[dʒ'aket pelampuŋ]
parachute (de)	parasut	[parasut]
opstijgen (het)	lepas landas	[lepas landas]
opstijgen (ww)	bertolak	[bertolaʔ]
startbaan (de)	jalur lepas landas	[dʒ'alur lepas landas]
zicht (het)	visibilitas, pandangan	[visibilitas], [pandaŋan]
vlucht (de)	penerbangan	[penerbaŋan]
hoogte (de)	ketinggian	[ketiŋgian]
luchtzak (de)	lubang udara	[lubaŋ udara]
plaats (de)	tempat duduk	[tempat duduʔ]
koptelefoon (de)	headphone, fonkepala	[headphone], [fonkepala]
tafeltje (het)	meja lipat	[medʒ'a lipat]
venster (het)	jendela pesawat	[dʒ'endela pesawat]
gangpad (het)	lorong	[loroŋ]

106. Trein

trein (de)	kereta api	[kereta api]
elektrische trein (de)	kereta api listrik	[kereta api listri']
sneltrein (de)	kereta api cepat	[kereta api tʃepat]
diesellocomotief (de)	lokomotif diesel	[lokomotif disel]
locomotief (de)	lokomotif uap	[lokomotif uap]
rijtuig (het)	gerbong penumpang	[gerboŋ penumpaŋ]
restauratierijtuig (het)	gerbong makan	[gerboŋ makan]
rails (mv.)	rel	[rel]
spoorweg (de)	rel kereta api	[rel kereta api]
dwarsligger (de)	bantalan rel	[bantalan rel]
perron (het)	platform	[platform]
spoor (het)	jalur	[dʒˈalur]
semafoor (de)	semafor	[semafor]
halte (bijv. kleine treinhalte)	stasiun	[stasiun]
machinist (de)	masinis	[masinis]
kruier (de)	porter	[porter]
conducteur (de)	kondektur	[kondektur]
passagier (de)	penumpang	[penumpaŋ]
controleur (de)	kondektur	[kondektur]
gang (in een trein)	koridor	[koridor]
noodrem (de)	rem darurat	[rem darurat]
coupé (de)	kabin	[kabin]
bed (slaapplaats)	bangku	[baŋku]
bovenste bed (het)	bangku atas	[baŋku atas]
onderste bed (het)	bangku bawah	[baŋku bawah]
beddengoed (het)	kain kasur	[kain kasur]
kaartje (het)	tiket	[tiket]
dienstregeling (de)	jadwal	[dʒˈadwal]
informatiebord (het)	layar informasi	[lajar informasi]
vertrekken (De trein vertrekt ...)	berangkat	[bəraŋkat]
vertrek (ov. een trein)	keberangkatan	[kəbəraŋkatan]
aankomen (ov. de treinen)	datang	[dataŋ]
aankomst (de)	kedatangan	[kədataŋan]
aankomen per trein	datang naik kereta api	[dataŋ naj' kereta api]
in de trein stappen	naik ke kereta	[naj' ke kereta]
uit de trein stappen	turun dari kereta	[turun dari kereta]
treinwrak (het)	kecelakaan kereta	[ketʃelaka'an kereta]
ontspoord zijn	keluar rel	[keluar rel]
locomotief (de)	lokomotif uap	[lokomotif uap]
stoker (de)	juru api	[dʒˈuru api]
stookplaats (de)	tungku	[tuŋku]
steenkool (de)	batu bara	[batu bara]

107. Schip

schip (het)	kapal	[kapal]
vaartuig (het)	kapal	[kapal]
stoomboot (de)	kapal uap	[kapal uap]
motorschip (het)	kapal api	[kapal api]
lijnschip (het)	kapal laut	[kapal laut]
kruiser (de)	kapal penjelajah	[kapal pendʒʲeladʒʲah]
jacht (het)	perahu pesiar	[perahu pesiar]
sleepboot (de)	kapal tunda	[kapal tunda]
duwbak (de)	tongkang	[toŋkaŋ]
ferryboot (de)	feri	[feri]
zeilboot (de)	kapal layar	[kapal lajar]
brigantijn (de)	kapal brigantin	[kapal brigantin]
IJsbreker (de)	kapal pemecah es	[kapal pemetʃah es]
duikboot (de)	kapal selam	[kapal selam]
boot (de)	perahu	[perahu]
sloep (de)	sekoci	[sekotʃi]
reddingssloep (de)	sekoci penyelamat	[sekotʃi penjelamat]
motorboot (de)	perahu motor	[perahu motor]
kapitein (de)	kapten	[kapten]
zeeman (de)	kelasi	[kelasi]
matroos (de)	pelaut	[pelaut]
bemanning (de)	awak	[awaʔ]
bootsman (de)	bosman, bosun	[bosman], [bosun]
scheepsjongen (de)	kadet laut	[kadet laut]
kok (de)	koki	[koki]
scheepsarts (de)	dokter kapal	[dokter kapal]
dek (het)	dek	[deʔ]
mast (de)	tiang	[tiaŋ]
zeil (het)	layar	[lajar]
ruim (het)	lambung kapal	[lambuŋ kapal]
voorsteven (de)	haluan	[haluan]
achtersteven (de)	buritan	[buritan]
roeispaan (de)	dayung	[dajuŋ]
schroef (de)	baling-baling	[baliŋ-baliŋ]
kajuit (de)	kabin	[kabin]
officierskamer (de)	ruang rekreasi	[ruaŋ rekreasi]
machinekamer (de)	ruang mesin	[ruaŋ mesin]
brug (de)	anjungan kapal	[andʒʲuŋan kapal]
radiokamer (de)	ruang radio	[ruaŋ radio]
radiogolf (de)	gelombang radio	[gelombaŋ radio]
logboek (het)	buku harian kapal	[buku harian kapal]
verrekijker (de)	teropong	[teropoŋ]
klok (de)	lonceng	[lontʃeŋ]

vlag (de)	bendera	[bendera]
kabel (de)	tali	[tali]
knoop (de)	simpul	[simpul]
trapleuning (de)	pegangan	[peganan]
trap (de)	tangga kapal	[taŋga kapal]
anker (het)	jangkar	[dʒʲaŋkar]
het anker lichten	mengangkat jangkar	[mənaŋkat dʒʲaŋkar]
het anker neerlaten	menjatuhkan jangkar	[məndʒʲatuhkan dʒʲaŋkar]
ankerketting (de)	rantai jangkar	[rantaj dʒʲaŋkar]
haven (bijv. containerhaven)	pelabuhan	[pelabuhan]
kaai (de)	dermaga	[dermaga]
aanleggen (ww)	merapat	[merapat]
wegvaren (ww)	bertolak	[bertolaʔ]
reis (de)	pengembaraan	[peŋembaraʔan]
cruise (de)	pesiar	[pesiar]
koers (de)	haluan	[haluan]
route (de)	rute	[rute]
zandbank (de)	beting	[betiŋ]
stranden (ww)	kandas	[kandas]
storm (de)	badai	[badaj]
signaal (het)	sinyal	[sinjal]
zinken (ov. een boot)	tenggelam	[teŋgelam]
Man overboord!	Orang hanyut!	[oraŋ hanyut!]
SOS (noodsignaal)	SOS	[es-o-es]
reddingsboei (de)	pelampung penyelamat	[pelampuŋ penjelamat]

108. Vliegveld

luchthaven (de)	bandara	[bandara]
vliegtuig (het)	pesawat terbang	[pesawat tərbaŋ]
luchtvaartmaatschappij (de)	maskapai penerbangan	[maskapaj penerbaŋan]
luchtverkeersleider (de)	pengawas lalu lintas udara	[peŋawas lalu lintas udara]
vertrek (het)	keberangkatan	[keberaŋkatan]
aankomst (de)	kedatangan	[kedataŋan]
aankomen (per vliegtuig)	datang	[dataŋ]
vertrektijd (de)	waktu keberangkatan	[waktu keberaŋkatan]
aankomstuur (het)	waktu kedatangan	[waktu kedataŋan]
vertraagd zijn (ww)	terlambat	[tərlambat]
vluchtvertraging (de)	penundaan penerbangan	[penundaʔan penerbaŋan]
informatiebord (het)	papan informasi	[papan informasi]
informatie (de)	informasi	[informasi]
aankondigen (ww)	mengumumkan	[məŋumumkan]
vlucht (bijv. KLM ~)	penerbangan	[penerbaŋan]
douane (de)	pabean	[pabean]

douanier (de)	petugas pabean	[petugas pabean]
douaneaangifte (de)	pernyataan pabean	[pərnjata'an pabean]
invullen (douaneaangifte ~)	mengisi	[mənisi]
een douaneaangifte invullen	mengisi formulir bea cukai	[mənisi formulir bea tʃukaj]
paspoortcontrole (de)	pemeriksaan paspor	[pemeriksa'an paspor]
bagage (de)	bagasi	[bagasi]
handbagage (de)	jinjingan	[dʒindʒiŋan]
bagagekarretje (het)	troli bagasi	[troli bagasi]
landing (de)	pendaratan	[pendaratan]
landingsbaan (de)	jalur pendaratan	[dʒʲalur pendaratan]
landen (ww)	mendarat	[məndarat]
vliegtuigtrap (de)	tangga pesawat	[taŋga pesawat]
inchecken (het)	check-in	[tʃekin]
incheckbalie (de)	meja check-in	[medʒʲa tʃekin]
inchecken (ww)	check-in	[tʃekin]
instapkaart (de)	kartu pas	[kartu pas]
gate (de)	gerbang keberangkatan	[gerbaŋ keberaŋkatan]
transit (de)	transit	[transit]
wachten (ww)	menunggu	[mənuŋgu]
wachtzaal (de)	ruang tunggu	[ruaŋ tuŋgu]
begeleiden (uitwuiven)	mengantar	[məŋantar]
afscheid nemen (ww)	berpamitan	[bərpamitan]

Gebeurtenissen in het leven

109. Vakanties. Evenement

feest (het)	perayaan	[pəraja'an]
nationale feestdag (de)	hari besar nasional	[hari besar nasional]
feestdag (de)	hari libur	[hari libur]
herdenken (ww)	merayakan	[merajakan]
gebeurtenis (de)	peristiwa, kejadian	[peristiwa], [kedʒʲadian]
evenement (het)	acara	[atʃara]
banket (het)	banket	[banket]
receptie (de)	resepsi	[resepsi]
feestmaal (het)	pesta	[pesta]
verjaardag (de)	hari jadi, HUT	[hari dʒʲadi], [ha-u-te]
jubileum (het)	yubileum	[yubileum]
vieren (ww)	merayakan	[merajakan]
Nieuwjaar (het)	Tahun Baru	[tahun baru]
Gelukkig Nieuwjaar!	Selamat Tahun Baru!	[selamat tahun baru!]
Sinterklaas (de)	Sinterklas	[sinterklas]
Kerstfeest (het)	Natal	[natal]
Vrolijk kerstfeest!	Selamat Hari Natal!	[selamat hari natal!]
kerstboom (de)	pohon Natal	[pohon natal]
vuurwerk (het)	kembang api	[kembaŋ api]
bruiloft (de)	pernikahan	[pərnikahan]
bruidegom (de)	mempelai lelaki	[mempelaj lelaki]
bruid (de)	mempelai perempuan	[mempelaj pərempuan]
uitnodigen (ww)	mengundang	[məŋundaŋ]
uitnodiging (de)	kartu undangan	[kartu undaŋan]
gast (de)	tamu	[tamu]
op bezoek gaan	mengunjungi	[məŋundʒʲuɲi]
gasten verwelkomen	menyambut tamu	[məɲambut tamu]
geschenk, cadeau (het)	hadiah	[hadiah]
geven (iets cadeau ~)	memberi	[məmberi]
geschenken ontvangen	menerima hadiah	[mənerima hadiah]
boeket (het)	buket	[buket]
felicitaties (mv.)	ucapan selamat	[utʃapan selamat]
feliciteren (ww)	mengucapkan selamat	[məŋutʃapkan selamat]
wenskaart (de)	kartu ucapan selamat	[kartu utʃapan selamat]
een kaartje versturen	mengirim kartu pos	[məŋirim kartu pos]
een kaartje ontvangen	menerima kartu pos	[mənerima kartu pos]

toast (de)	toas	[toas]
aanbieden (een drankje ~)	menawari	[mənawari]
champagne (de)	sampanye	[sampanje]
plezier hebben (ww)	bersukaria	[bərsukaria]
plezier (het)	keriangan, kegembiraan	[kerianjan], [kegembira'an]
vreugde (de)	kegembiraan	[kegembira'an]
dans (de)	dansa, tari	[dansa], [tari]
dansen (ww)	berdansa, menari	[bərdansa], [menari]
wals (de)	wals	[wals]
tango (de)	tango	[taŋo]

110. Begrafenissen. Begrafenis

kerkhof (het)	pemakaman	[pemakaman]
graf (het)	makam	[makam]
kruis (het)	salib	[salib]
grafsteen (de)	batu nisan	[batu nisan]
omheining (de)	pagar	[pagar]
kapel (de)	kapel	[kapel]
dood (de)	kematian	[kematian]
sterven (ww)	mati, meninggal	[mati], [meninggal]
overledene (de)	almarhum	[almarhum]
rouw (de)	perkabungan	[pərkabuŋan]
begraven (ww)	memakamkan	[memakamkan]
begrafenisonderneming (de)	rumah duka	[rumah duka]
begrafenis (de)	pemakaman	[pemakaman]
krans (de)	karangan bunga	[karaŋan buŋa]
doodskist (de)	keranda	[keranda]
lijkwagen (de)	mobil jenazah	[mobil dʒ'enazah]
lijkkleed (de)	kain kafan	[kain kafan]
begrafenisstoet (de)	prosesi pemakaman	[prosesi pemakaman]
urn (de)	guci abu jenazah	[gutʃi abu dʒ'enazah]
crematorium (het)	krematorium	[krematorium]
overlijdensbericht (het)	obituarium	[obituarium]
huilen (wenen)	menangis	[mənaŋis]
snikken (huilen)	meratap	[meratap]

111. Oorlog. Soldaten

peloton (het)	peleton	[peleton]
compagnie (de)	kompi	[kompi]
regiment (het)	resimen	[resimen]
leger (armee)	tentara	[tentara]
divisie (de)	divisi	[divisi]

sectie (de)	pasukan	[pasukan]
troep (de)	tentara	[tentara]
soldaat (militair)	tentara, serdadu	[tentara], [serdadu]
officier (de)	perwira	[pərwira]
soldaat (rang)	prajurit	[pradʒʲurit]
sergeant (de)	sersan	[sersan]
luitenant (de)	letnan	[letnan]
kapitein (de)	kapten	[kapten]
majoor (de)	mayor	[major]
kolonel (de)	kolonel	[kolonel]
generaal (de)	jenderal	[dʒʲenderal]
matroos (de)	pelaut	[pelaut]
kapitein (de)	kapten	[kapten]
bootsman (de)	bosman, bosun	[bosman], [bosun]
artillerist (de)	tentara artileri	[tentara artileri]
valschermjager (de)	pasukan penerjun	[pasukan penerdʒʲun]
piloot (de)	pilot	[pilot]
stuurman (de)	navigator, penavigasi	[navigator], [penavigasi]
mecanicien (de)	mekanik	[mekaniʔ]
sappeur (de)	pencari ranjau	[pentʃari randʒʲau]
parachutist (de)	parasutis	[parasutis]
verkenner (de)	pengintai	[peŋintaj]
scherpschutter (de)	penembak jitu	[penembaʔ dʒitu]
patrouille (de)	patroli	[patroli]
patrouilleren (ww)	berpatroli	[bərpatroli]
wacht (de)	pengawal	[peŋawal]
krijger (de)	prajurit	[pradʒʲurit]
held (de)	pahlawan	[pahlawan]
heldin (de)	pahlawan wanita	[pahlawan wanita]
patriot (de)	patriot	[patriot]
verrader (de)	pengkhianat	[peŋhianat]
verraden (ww)	mengkhianati	[məŋhianati]
deserteur (de)	desertir	[desertir]
deserteren (ww)	melakukan desersi	[melakukan desersi]
huurling (de)	tentara bayaran	[tentara bajaran]
rekruut (de)	rekrut, calon tentara	[rekrut], [tʃalon tentara]
vrijwilliger (de)	sukarelawan	[sukarelawan]
gedode (de)	korban meninggal	[korban meniŋgal]
gewonde (de)	korban luka	[korban luka]
krijgsgevangene (de)	tawanan perang	[tawanan peraŋ]

112. Oorlog. Militaire acties. Deel 1

oorlog (de)	perang	[peraŋ]
oorlog voeren (ww)	berperang	[bərperaŋ]

burgeroorlog (de)	perang saudara	[pəraŋ saudara]
achterbaks (bw)	secara curang	[setʃara tʃuraŋ]
oorlogsverklaring (de)	pernyataan perang	[pərnjata'an pəraŋ]
verklaren (de oorlog ~)	menyatakan perang	[mənjatakan pəraŋ]
agressie (de)	agresi	[agresi]
aanvallen (binnenvallen)	menyerang	[mənjeraŋ]
binnenvallen (ww)	menduduki	[mənduduki]
invaller (de)	penduduk	[pendudu']
veroveraar (de)	penakluk	[penaklu']
verdediging (de)	pertahanan	[pərtahanan]
verdedigen (je land ~)	mempertahankan	[mempertahankan]
zich verdedigen (ww)	bertahan ...	[bərtahan ...]
vijand (de)	musuh	[musuh]
tegenstander (de)	lawan	[lawan]
vijandelijk (bn)	musuh	[musuh]
strategie (de)	strategi	[strategi]
tactiek (de)	taktik	[takti']
order (de)	perintah	[pərintah]
bevel (het)	perintah	[pərintah]
bevelen (ww)	memerintahkan	[memerintahkan]
opdracht (de)	tugas	[tugas]
geheim (bn)	rahasia	[rahasia]
veldslag (de)	pertempuran	[pərtempuran]
strijd (de)	pertempuran	[pərtempuran]
aanval (de)	serangan	[seraŋan]
bestorming (de)	serbuan	[serbuan]
bestormen (ww)	menyerbu	[mənjerbu]
bezetting (de)	kepungan	[kepuŋan]
aanval (de)	serangan	[seraŋan]
in het offensief te gaan	menyerang	[mənjeraŋ]
terugtrekking (de)	pengunduran	[peŋunduran]
zich terugtrekken (ww)	mundur	[mundur]
omsingeling (de)	pengepungan	[peŋepuŋan]
omsingelen (ww)	mengepung	[məŋepuŋ]
bombardement (het)	pengeboman	[peŋeboman]
een bom gooien	menjatuhkan bom	[məndʒatuhkan bom]
bombarderen (ww)	mengebom	[məŋebom]
ontploffing (de)	ledakan	[ledakan]
schot (het)	tembakan	[tembakan]
een schot lossen	melepaskan	[melepaskan]
schieten (het)	penembakan	[penembakan]
mikken op (ww)	membidik	[membidi']
aanleggen (een wapen ~)	mengarahkan	[məŋarahkan]

treffen (doelwit ~)	mengenai	[məŋenaj]
zinken (tot zinken brengen)	menenggelamkan	[mənəŋgelamkan]
kogelgat (het)	lubang	[lubaŋ]
zinken (gezonken zijn)	karam	[karam]
front (het)	garis depan	[garis depan]
evacuatie (de)	evakuasi	[evakuasi]
evacueren (ww)	mengevakuasi	[məŋevakuasi]
loopgraaf (de)	parit perlindungan	[parit pərlinduŋan]
prikkeldraad (de)	kawat berduri	[kawat bərduri]
verdedigingsobstakel (het)	rintangan	[rintaŋan]
wachttoren (de)	menara	[mənara]
hospitaal (het)	rumah sakit militer	[rumah sakit militer]
verwonden (ww)	melukai	[melukaj]
wond (de)	luka	[luka]
gewonde (de)	korban luka	[korban luka]
gewond raken (ww)	terluka	[tərluka]
ernstig (~e wond)	parah	[parah]

113. Oorlog. Militaire acties. Deel 2

krijgsgevangenschap (de)	tawanan	[tawanan]
krijgsgevangen nemen	menawan	[mənawan]
krijgsgevangene zijn	ditawan	[ditawan]
krijgsgevangen genomen worden	tertawan	[tərtawan]
concentratiekamp (het)	kamp konsentrasi	[kamp konsentrasi]
krijgsgevangene (de)	tawanan perang	[tawanan pəraŋ]
vluchten (ww)	melarikan diri	[melarikan diri]
verraden (ww)	mengkhianati	[məŋhianati]
verrader (de)	pengkhianat	[peŋhianat]
verraad (het)	pengkhianatan	[peŋhianatan]
fusilleren (executeren)	mengeksekusi	[məŋeksekusi]
executie (de)	eksekusi	[eksekusi]
uitrusting (de)	perlengkapan	[pərleŋkapan]
schouderstuk (het)	epolet	[epolet]
gasmasker (het)	masker gas	[masker gas]
portofoon (de)	pemancar radio	[pemantʃar radio]
geheime code (de)	kode	[kode]
samenzwering (de)	kerahasiaan	[kerahasia'an]
wachtwoord (het)	kata sandi	[kata sandi]
mijn (landmijn)	ranjau darat	[randʒ'au darat]
ondermijnen (legden mijnen)	memasang ranjau	[memasaŋ randʒ'au]
mijnenveld (het)	padang yang dipenuhi ranjau	[padaŋ yaŋ dipenuhi randʒ'au]
luchtalarm (het)	peringatan serangan udara	[pəriŋatan seraŋan udara]

alarm (het)	alarm serangan udara	[alarm seraŋan udara]
signaal (het)	sinyal	[sinjal]
vuurpijl (de)	roket sinyal	[roket sinjal]
staf (generale ~)	markas	[markas]
verkenningstocht (de)	pengintaian	[peŋintajan]
toestand (de)	keadaan	[keada'an]
rapport (het)	laporan	[laporan]
hinderlaag (de)	penyergapan	[penjergapan]
versterking (de)	bala bantuan	[bala bantuan]
doel (bewegend ~)	sasaran	[sasaran]
proefterrein (het)	lapangan tembak	[lapaŋan temba']
manoeuvres (mv.)	latihan perang	[latihan peraŋ]
paniek (de)	panik	[pani']
verwoesting (de)	pengrusakan	[peŋrusakan]
verwoestingen (mv.)	penghancuran	[peŋhantʃuran]
verwoesten (ww)	menghancurkan	[məŋhantʃurkan]
overleven (ww)	menyintas	[mənjintas]
ontwapenen (ww)	melucuti	[melutʃuti]
behandelen (een pistool ~)	mengendalikan	[məŋendalikan]
Geeft acht!	Siap!	[siap!]
Op de plaats rust!	Istirahat di tempat!	[istirahat di tempat!]
heldendaad (de)	keberanian	[keberanian]
eed (de)	sumpah	[sumpah]
zweren (een eed doen)	bersumpah	[bərsumpah]
decoratie (de)	anugerah	[anugerah]
onderscheiden	menganugerahi	[mənanugerahi]
(een ereteken geven)		
medaille (de)	medali	[medali]
orde (de)	bintang kehormatan	[bintaŋ kehormatan]
overwinning (de)	kemenangan	[kemenaŋan]
verlies (het)	kekalahan	[kekalahan]
wapenstilstand (de)	gencatan senjata	[gentʃatan sendʒata]
wimpel (vaandel)	bendera	[bendera]
roem (de)	kehormatan	[kehormatan]
parade (de)	parade	[parade]
marcheren (ww)	berbaris	[bərbaris]

114. Wapens

wapens (mv.)	senjata	[sendʒata]
vuurwapens (mv.)	senjata api	[sendʒata api]
koude wapens (mv.)	sejata tajam	[sedʒata tadʒam]
chemische wapens (mv.)	senjata kimia	[sendʒata kimia]
kern-, nucleair (bn)	nuklir	[nuklir]

kernwapens (mv.)	senjata nuklir	[sendʒata nuklir]
bom (de)	bom	[bom]
atoombom (de)	bom atom	[bom atom]

pistool (het)	pistol	[pistol]
geweer (het)	senapan	[senapan]
machinepistool (het)	senapan otomatis	[senapan otomatis]
machinegeweer (het)	senapan mesin	[senapan mesin]

loop (schietbuis)	moncong	[montʃoŋ]
loop (bijv. geweer met kortere ~)	laras	[laras]
kaliber (het)	kaliber	[kaliber]

trekker (de)	pelatuk	[pelatuʔ]
korrel (de)	pembidik	[pembidiʔ]
magazijn (het)	magasin	[magasin]
geweerkolf (de)	pantat senapan	[pantat senapan]

granaat (handgranaat)	granat tangan	[granat taŋan]
explosieven (mv.)	bahan peledak	[bahan peledaʔ]

kogel (de)	peluru	[peluru]
patroon (de)	patrun	[patrun]
lading (de)	isian	[isian]
ammunitie (de)	amunisi	[amunisi]

bommenwerper (de)	pesawat pengebom	[pesawat peŋebom]
straaljager (de)	pesawat pemburu	[pesawat pemburu]
helikopter (de)	helikopter	[helikopter]

afweergeschut (het)	meriam penangkis serangan udara	[meriam penaŋkis seraŋan udara]
tank (de)	tank	[tanʔ]
kanon (tank met een ~ van 76 mm)	meriam tank	[meriam tanʔ]

artillerie (de)	artileri	[artileri]
kanon (het)	meriam	[meriam]
aanleggen (een wapen ~)	mengarahkan	[məŋarahkan]

projectiel (het)	peluru	[peluru]
mortiergranaat (de)	peluru mortir	[peluru mortir]
mortier (de)	mortir	[mortir]
granaatscherf (de)	serpihan	[serpihan]

duikboot (de)	kapal selam	[kapal selam]
torpedo (de)	torpedo	[torpedo]
raket (de)	rudal	[rudal]

laden (geweer, kanon)	mengisi	[məŋisi]
schieten (ww)	menembak	[mənembaʔ]
richten op (mikken)	membidik	[membidiʔ]
bajonet (de)	bayonet	[bajonet]
degen (de)	pedang rapier	[pedaŋ rapier]
sabel (de)	pedang saber	[pedaŋ saber]

speer (de)	lembing	[lembiŋ]
boog (de)	busur panah	[busur panah]
pijl (de)	anak panah	[ana' panah]
musket (de)	senapan lantak	[senapan lanta']
kruisboog (de)	busur silang	[busur silaŋ]

115. Oude mensen

primitief (bn)	primitif	[primitif]
voorhistorisch (bn)	prasejarah	[prasedʑarah]
eeuwenoude (~ beschaving)	kuno	[kuno]
Steentijd (de)	Zaman Batu	[zaman batu]
Bronstijd (de)	Zaman Perunggu	[zaman pəruŋgu]
IJstijd (de)	Zaman Es	[zaman es]
stam (de)	suku	[suku]
menseneter (de)	kanibal	[kanibal]
jager (de)	pemburu	[pemburu]
jagen (ww)	berburu	[bərburu]
mammoet (de)	mamut	[mamut]
grot (de)	gua	[gua]
vuur (het)	api	[api]
kampvuur (het)	api unggun	[api uŋgun]
rotstekening (de)	lukisan gua	[lukisan gua]
werkinstrument (het)	alat kerja	[alat kerdʑa]
speer (de)	tombak	[tomba']
stenen bijl (de)	kapak batu	[kapa' batu]
oorlog voeren (ww)	berperang	[bərperaŋ]
temmen (bijv. wolf ~)	menjinakkan	[məndʑina'kan]
idool (het)	berhala	[bərhala]
aanbidden (ww)	memuja	[memudʑa]
bijgeloof (het)	takhayul	[tahajul]
ritueel (het)	upacara	[upatʃara]
evolutie (de)	evolusi	[evolusi]
ontwikkeling (de)	perkembangan	[pərkembaŋan]
verdwijning (de)	kehilangan	[kehilaŋan]
zich aanpassen (ww)	menyesuaikan diri	[mənjesuajkan diri]
archeologie (de)	arkeologi	[arkeologi]
archeoloog (de)	arkeolog	[arkeolog]
archeologisch (bn)	arkeologis	[arkeologis]
opgravingsplaats (de)	situs ekskavasi	[situs ekskavasi]
opgravingen (mv.)	ekskavasi	[ekskavasi]
vondst (de)	penemuan	[penemuan]
fragment (het)	fragmen	[fragmen]

116. Middeleeuwen

volk (het)	rakyat	[rakjat]
volkeren (mv.)	bangsa-bangsa	[baŋsa-baŋsa]
stam (de)	suku	[suku]
stammen (mv.)	suku-suku	[suku-suku]
barbaren (mv.)	kaum barbar	[kaum barbar]
Galliërs (mv.)	kaum Gaul	[kaum gaul]
Goten (mv.)	kaum Goth	[kaum got]
Slaven (mv.)	kaum Slavia	[kaum slavia]
Vikings (mv.)	kaum Viking	[kaum vikiŋ]
Romeinen (mv.)	kaum Roma	[kaum roma]
Romeins (bn)	Romawi	[romawi]
Byzantijnen (mv.)	kaum Byzantium	[kaum bizantium]
Byzantium (het)	Byzantium	[bizantium]
Byzantijns (bn)	Byzantium	[bizantium]
keizer (bijv. Romeinse ~)	kaisar	[kajsar]
opperhoofd (het)	pemimpin	[pemimpin]
machtig (bn)	adikuasa, berkuasa	[adikuasa], [berkuasa]
koning (de)	raja	[radʒʲa]
heerser (de)	penguasa	[peŋuasa]
ridder (de)	ksatria	[ksatria]
feodaal (de)	tuan	[tuan]
feodaal (bn)	feodal	[feodal]
vazal (de)	vasal	[vasal]
hertog (de)	duke	[duke]
graaf (de)	earl	[earl]
baron (de)	baron	[baron]
bisschop (de)	uskup	[uskup]
harnas (het)	baju besi	[badʒʲu besi]
schild (het)	perisai	[perisaj]
zwaard (het)	pedang	[pedaŋ]
vizier (het)	visor, topeng besi	[visor], [topeŋ besi]
maliënkolder (de)	baju zirah	[badʒʲu zirah]
kruistocht (de)	Perang Salib	[peraŋ salib]
kruisvaarder (de)	kaum salib	[kaum salib]
gebied (bijv. bezette ~en)	wilayah	[wilajah]
aanvallen (binnenvallen)	menyerang	[menjeraŋ]
veroveren (ww)	menaklukkan	[menakluʔkan]
innemen (binnenvallen)	menduduki	[menduduki]
bezetting (de)	kepungan	[kepuŋan]
bezet (bn)	terkepung	[terkepuŋ]
belegeren (ww)	mengepung	[meŋepuŋ]
inquisitie (de)	inkuisisi	[inkuisisi]
inquisiteur (de)	inkuisitor	[inkuisitor]

foltering (de)	siksaan	[siksa'an]
wreed (bn)	kejam	[kedʒiam]
ketter (de)	penganut bidah	[peŋanut bidah]
ketterij (de)	bidah	[bidah]
zeevaart (de)	pelayaran laut	[pelajaran laut]
piraat (de)	bajak laut	[badʒia' laut]
piraterij (de)	pembajakan	[pembadʒiakan]
enteren (het)	serangan terhadap kapal dari dekat	[seraŋan terhadap kapal dari dekat]
buit (de)	rampasan	[rampasan]
schatten (mv.)	harta karun	[harta karun]
ontdekking (de)	penemuan	[penemuan]
ontdekken (bijv. nieuw land)	menemukan	[menemukan]
expeditie (de)	ekspedisi	[ekspedisi]
musketier (de)	musketir	[musketir]
kardinaal (de)	kardinal	[kardinal]
heraldiek (de)	heraldik	[heraldiʔ]
heraldisch (bn)	heraldik	[heraldiʔ]

117. Leider. Baas. Autoriteiten

koning (de)	raja	[radʒia]
koningin (de)	ratu	[ratu]
koninklijk (bn)	kerajaan, raja	[keradʒia'an], [radʒia]
koninkrijk (het)	kerajaan	[keradʒia'an]
prins (de)	pangeran	[paŋeran]
prinses (de)	putri	[putri]
president (de)	presiden	[presiden]
vicepresident (de)	wakil presiden	[wakil presiden]
senator (de)	senator	[senator]
monarch (de)	monark	[monarʔ]
heerser (de)	penguasa	[peŋuasa]
dictator (de)	diktator	[diktator]
tiran (de)	tiran	[tiran]
magnaat (de)	magnat	[magnat]
directeur (de)	direktur	[direktur]
chef (de)	atasan	[atasan]
beheerder (de)	manajer	[manadʒier]
baas (de)	bos	[bos]
eigenaar (de)	pemilik	[pemiliʔ]
leider (de)	pemimpin	[pemimpin]
hoofd (bijv. ~ van de delegatie)	kepala	[kepala]
autoriteiten (mv.)	pihak berwenang	[pihaʔ berwenaŋ]
superieuren (mv.)	atasan	[atasan]
gouverneur (de)	gabernur	[gabernur]

consul (de)	konsul	[konsul]
diplomaat (de)	diplomat	[diplomat]
burgemeester (de)	walikota	[walikota]
sheriff (de)	sheriff	[ʃeriff]
keizer (bijv. Romeinse ~)	kaisar	[kajsar]
tsaar (de)	tsar, raja	[tsar], [radʒˈa]
farao (de)	firaun	[firaun]
kan (de)	khan	[han]

118. De wet overtreden. Criminelen. Deel 1

bandiet (de)	bandit	[bandit]
misdaad (de)	kejahatan	[kedʒˈahatan]
misdadiger (de)	penjahat	[pendʒˈahat]
dief (de)	pencuri	[pentʃuri]
stelen (ww)	mencuri	[məntʃuri]
stelen, diefstal (de)	pencurian	[pentʃurian]
kidnappen (ww)	menculik	[məntʃuliʔ]
kidnapping (de)	penculikan	[pentʃulikan]
kidnapper (de)	penculik	[pentʃuliʔ]
losgeld (het)	uang tebusan	[uaŋ tebusan]
eisen losgeld (ww)	menuntut uang tebusan	[mənuntut uaŋ tebusan]
overvallen (ww)	merampok	[merampoʔ]
overval (de)	perampokan	[pərampokan]
overvaller (de)	perampok	[pərampoʔ]
afpersen (ww)	memeras	[memeras]
afperser (de)	pemeras	[pemeras]
afpersing (de)	pemerasan	[pemerasan]
vermoorden (ww)	membunuh	[membunuh]
moord (de)	pembunuhan	[pembunuhan]
moordenaar (de)	pembunuh	[pembunuh]
schot (het)	tembakan	[tembakan]
een schot lossen	melepaskan	[melepaskan]
neerschieten (ww)	menembak mati	[mənembaʔ mati]
schieten (ww)	menembak	[mənembaʔ]
schieten (het)	penembakan	[penembakan]
ongeluk (gevecht, enz.)	insiden, kejadian	[insiden], [kedʒˈadian]
gevecht (het)	perkelahian	[perkelahian]
Help!	Tolong!	[toloŋ!]
slachtoffer (het)	korban	[korban]
beschadigen (ww)	merusak	[merusaʔ]
schade (de)	kerusakan	[kerusakan]
lijk (het)	jenazah, mayat	[dʒˈenazah], [majat]
zwaar (~ misdrijf)	berat	[berat]

aanvallen (ww)	menyerang	[mənjeraŋ]
slaan (iemand ~)	memukul	[memukul]
in elkaar slaan (toetakelen)	memukuli	[memukuli]
ontnemen (beroven)	merebut	[merebut]
steken (met een mes)	menikam mati	[mənikam mati]
verminken (ww)	mencederai	[mənt͡ʃederaj]
verwonden (ww)	melukai	[melukaj]
chantage (de)	pemerasan	[pemerasan]
chanteren (ww)	memeras	[memeras]
chanteur (de)	pemeras	[pemeras]
afpersing (de)	pemerasan	[pemerasan]
afperser (de)	pemeras	[pemeras]
gangster (de)	gangster, preman	[gaŋster], [preman]
maffia (de)	mafia	[mafia]
kruimeldief (de)	pencopet	[pent͡ʃopet]
inbreker (de)	perampok	[pərampo']
smokkelen (het)	penyelundupan	[penjelundupan]
smokkelaar (de)	penyelundup	[penjelundup]
namaak (de)	pemalsuan	[pemalsuan]
namaken (ww)	memalsukan	[memalsukan]
namaak-, vals (bn)	palsu	[palsu]

119. De wet overtreden. Criminelen. Deel 2

verkrachting (de)	pemerkosaan	[pemerkosa'an]
verkrachten (ww)	memerkosa	[memerkosa]
verkrachter (de)	pemerkosa	[pemerkosa]
maniak (de)	maniak	[mania']
prostituee (de)	pelacur	[pelat͡ʃur]
prostitutie (de)	pelacuran	[pelat͡ʃuran]
pooier (de)	germo	[germo]
drugsverslaafde (de)	pecandu narkoba	[pet͡ʃandu narkoba]
drugshandelaar (de)	pengedar narkoba	[peŋedar narkoba]
opblazen (ww)	meledakkan	[meleda'kan]
explosie (de)	ledakan	[ledakan]
in brand steken (ww)	membakar	[membakar]
brandstichter (de)	pelaku pembakaran	[pelaku pembakaran]
terrorisme (het)	terorisme	[terorisme]
terrorist (de)	teroris	[teroris]
gijzelaar (de)	sandera	[sandera]
bedriegen (ww)	menipu	[mənipu]
bedrog (het)	penipuan	[penipuan]
oplichter (de)	penipu	[penipu]
omkopen (ww)	menyuap	[mənyuap]
omkoperij (de)	penyuapan	[penyuapan]

smeergeld (het)	uang suap, suapan	[uaŋ suap], [suapan]
vergif (het)	racun	[ratʃun]
vergiftigen (ww)	meracuni	[meratʃuni]
vergif innemen (ww)	meracuni diri sendiri	[meratʃuni diri sendiri]

zelfmoord (de)	bunuh diri	[bunuh diri]
zelfmoordenaar (de)	pelaku bunuh diri	[pelaku bunuh diri]

bedreigen (bijv. met een pistool)	mengancam	[mənantʃam]
bedreiging (de)	ancaman	[antʃaman]
een aanslag plegen	melakukan percobaan pembunuhan	[melakukan pərtʃoba'an pembunuhan]
aanslag (de)	percobaan pembunuhan	[pərtʃoba'an pembunuhan]

stelen (een auto)	mencuri	[məntʃuri]
kapen (een vliegtuig)	membajak	[membadʒ'a']

wraak (de)	dendam	[dendam]
wreken (ww)	membalas dendam	[membalas dendam]

martelen (gevangenen)	menyiksa	[mənjiksa]
foltering (de)	siksaan	[siksa'an]
folteren (ww)	menyiksa	[mənjiksa]

piraat (de)	bajak laut	[badʒ'a' laut]
straatschender (de)	berandal	[berandal]
gewapend (bn)	bersenjata	[bersendʒ'ata]
geweld (het)	kekerasan	[kekerasan]
onwettig (strafbaar)	ilegal	[ilegal]

spionage (de)	spionase	[spionase]
spioneren (ww)	memata-matai	[memata-mataj]

120. Politie. Wet. Deel 1

gerecht (het)	keadilan	[keadilan]
gerechtshof (het)	pengadilan	[peŋadilan]

rechter (de)	hakim	[hakim]
jury (de)	anggota juri	[aŋgota dʒ'uri]
juryrechtspraak (de)	pengadilan juri	[peŋadilan dʒ'uri]
berechten (ww)	mengadili	[məŋadili]

advocaat (de)	advokat, pengacara	[advokat], [peŋatʃara]
beklaagde (de)	terdakwa	[tərdakwa]
beklaagdenbank (de)	bangku terdakwa	[baŋku tərdakwa]

beschuldiging (de)	tuduhan	[tuduhan]
beschuldigde (de)	terdakwa	[tərdakwa]

vonnis (het)	hukuman	[hukuman]
veroordelen (in een rechtszaak)	menjatuhkan hukuman	[məndʒ'atuhkan hukuman]

schuldige (de)	bersalah	[bərsalah]
straffen (ww)	menghukum	[məŋhukum]
bestraffing (de)	hukuman	[hukuman]
boete (de)	denda	[denda]
levenslange opsluiting (de)	penjara seumur hidup	[pendʒʲara seumur hidup]
doodstraf (de)	hukuman mati	[hukuman mati]
elektrische stoel (de)	kursi listrik	[kursi listriʔ]
schavot (het)	tiang gantungan	[tiaŋ gantuŋan]
executeren (ww)	menjalankan hukuman mati	[məndʒʲalankan hukuman mati]
executie (de)	hukuman mati	[hukuman mati]
gevangenis (de)	penjara	[pendʒʲara]
cel (de)	sel	[sel]
konvooi (het)	pengawal	[peŋawal]
gevangenisbewaker (de)	sipir, penjaga penjara	[sipir], [pendʒʲaga pendʒʲara]
gedetineerde (de)	tahanan	[tahanan]
handboeien (mv.)	borgol	[borgol]
handboeien omdoen	memborgol	[memborgol]
ontsnapping (de)	pelarian	[pelarian]
ontsnappen (ww)	melarikan diri	[melarikan diri]
verdwijnen (ww)	menghilang	[məŋhilaŋ]
vrijlaten (uit de gevangenis)	membebaskan	[membebaskan]
amnestie (de)	amnesti	[amnesti]
politie (de)	polisi, kepolisian	[polisi], [kepolisian]
politieagent (de)	polisi	[polisi]
politiebureau (het)	kantor polisi	[kantor polisi]
knuppel (de)	pentungan karet	[pentuŋan karet]
megafoon (de)	pengeras suara	[peŋeras suara]
patrouilleerwagen (de)	mobil patroli	[mobil patroli]
sirene (de)	sirene	[sirene]
de sirene aansteken	membunyikan sirene	[membunjikan sirene]
geloei (het) van de sirene	suara sirene	[suara sirene]
plaats delict (de)	tempat kejadian perkara	[tempat kedʒʲadian perkara]
getuige (de)	saksi	[saksi]
vrijheid (de)	kebebasan	[kebebasan]
handlanger (de)	kaki tangan	[kaki taŋan]
ontvluchten (ww)	melarikan diri	[melarikan diri]
spoor (het)	jejak	[dʒʲedʒʲaʔ]

121. Politie. Wet. Deel 2

opsporing (de)	pencarian	[pentʃarian]
opsporen (ww)	mencari …	[mentʃari …]
verdenking (de)	kecurigaan	[ketʃurigaʔan]
verdacht (bn)	mencurigakan	[mentʃurigakan]

aanhouden (stoppen)	menghentikan	[məŋhentikan]
tegenhouden (ww)	menahan	[mənahan]
strafzaak (de)	kasus, perkara	[kasus], [pərkara]
onderzoek (het)	investigasi, penyidikan	[investigasi], [penjidikan]
detective (de)	detektif	[detektif]
onderzoeksrechter (de)	penyidik	[penjidi']
versie (de)	hipotesis	[hipotesis]
motief (het)	motif	[motif]
verhoor (het)	interogasi	[interogasi]
ondervragen (door de politie)	menginterogasi	[məŋinterogasi]
ondervragen (omstanders ~)	menanyai	[mənanjaj]
controle (de)	pemeriksaan	[pemeriksa'an]
razzia (de)	razia	[razia]
huiszoeking (de)	penggeledahan	[peŋgeledahan]
achtervolging (de)	pengejaran, perburuan	[peŋedʒʲaran], [pərburuan]
achtervolgen (ww)	mengejar	[məŋedʒʲar]
opsporen (ww)	melacak	[melatʃa']
arrest (het)	penahanan	[penahanan]
arresteren (ww)	menahan	[mənahan]
vangen, aanhouden (een dief, enz.)	menangkap	[mənaŋkap]
aanhouding (de)	penangkapan	[penaŋkapan]
document (het)	dokumen	[dokumen]
bewijs (het)	bukti	[bukti]
bewijzen (ww)	membuktikan	[membuktikan]
voetspoor (het)	jejak	[dʒʲedʒʲa']
vingerafdrukken (mv.)	sidik jari	[sidi' dʒʲari]
bewijs (het)	barang bukti	[baraŋ bukti]
alibi (het)	alibi	[alibi]
onschuldig (bn)	tidak bersalah	[tida' bərsalah]
onrecht (het)	ketidakadilan	[ketidakadilan]
onrechtvaardig (bn)	tidak adil	[tida' adil]
crimineel (bn)	pidana	[pidana]
confisqueren (in beslag nemen)	menyita	[mənjita]
drug (de)	narkoba	[narkoba]
wapen (het)	senjata	[sendʒʲata]
ontwapenen (ww)	melucuti	[melutʃuti]
bevelen (ww)	memerintahkan	[memerintahkan]
verdwijnen (ww)	menghilang	[məŋhilaŋ]
wet (de)	hukum	[hukum]
wettelijk (bn)	sah	[sah]
onwettelijk (bn)	tidak sah	[tida' sah]
verantwoordelijkheid (de)	tanggung jawab	[taŋguŋ dʒʲawab]
verantwoordelijk (bn)	bertanggung jawab	[bərtaŋguŋ dʒʲawab]

NATUUR

De Aarde. Deel 1

122. De kosmische ruimte

kosmos (de)	angkasa	[aŋkasa]
kosmisch (bn)	angkasa	[aŋkasa]
kosmische ruimte (de)	ruang angkasa	[ruaŋ aŋkasa]
wereld (de)	dunia	[dunia]
heelal (het)	jagat raya	[dʒˈagat raja]
sterrenstelsel (het)	galaksi	[galaksi]
ster (de)	bintang	[bintaŋ]
sterrenbeeld (het)	gugusan bintang	[gugusan bintaŋ]
planeet (de)	planet	[planet]
satelliet (de)	satelit	[satelit]
meteoriet (de)	meteorit	[meteorit]
komeet (de)	komet	[komet]
asteroïde (de)	asteroid	[asteroid]
baan (de)	orbit	[orbit]
draaien (om de zon, enz.)	berputar	[bərputar]
atmosfeer (de)	atmosfer	[atmosfer]
Zon (de)	matahari	[matahari]
zonnestelsel (het)	tata surya	[tata surja]
zonsverduistering (de)	gerhana matahari	[gerhana matahari]
Aarde (de)	Bumi	[bumi]
Maan (de)	Bulan	[bulan]
Mars (de)	Mars	[mars]
Venus (de)	Venus	[venus]
Jupiter (de)	Yupiter	[yupiter]
Saturnus (de)	Saturnus	[saturnus]
Mercurius (de)	Merkurius	[merkurius]
Uranus (de)	Uranus	[uranus]
Neptunus (de)	Neptunus	[neptunus]
Pluto (de)	Pluto	[pluto]
Melkweg (de)	Bimasakti	[bimasakti]
Grote Beer (de)	Ursa Major	[ursa madʒor]
Poolster (de)	Bintang Utara	[bintaŋ utara]
marsmannetje (het)	makhluk Mars	[mahluʾ mars]
buitenaards wezen (het)	makhluk ruang angkasa	[mahluʾ ruaŋ aŋkasa]

bovenaards (het)	alien, makhluk asing	[alien], [mahlu' asiŋ]
vliegende schotel (de)	piring terbang	[piriŋ tərbaŋ]
ruimtevaartuig (het)	kapal antariksa	[kapal antariksa]
ruimtestation (het)	stasiun antariksa	[stasiun antariksa]
start (de)	peluncuran	[peluntʃuran]
motor (de)	mesin	[mesin]
straalpijp (de)	nosel	[nosel]
brandstof (de)	bahan bakar	[bahan bakar]
cabine (de)	kokpit	[kokpit]
antenne (de)	antena	[antena]
patrijspoort (de)	jendela	[dʒiendela]
zonnebatterij (de)	sel surya	[sel surja]
ruimtepak (het)	pakaian antariksa	[pakajan antariksa]
gewichtloosheid (de)	keadaan tanpa bobot	[keada'an tanpa bobot]
zuurstof (de)	oksigen	[oksigen]
koppeling (de)	penggabungan	[peŋgabuŋan]
koppeling maken	bergabung	[bərgabuŋ]
observatorium (het)	observatorium	[observatorium]
telescoop (de)	teleskop	[teleskop]
waarnemen (ww)	mengamati	[məŋamati]
exploreren (ww)	mengeksplorasi	[məŋeksplorasi]

123. De Aarde

Aarde (de)	Bumi	[bumi]
aardbol (de)	bola Bumi	[bola bumi]
planeet (de)	planet	[planet]
atmosfeer (de)	atmosfer	[atmosfer]
aardrijkskunde (de)	geografi	[geografi]
natuur (de)	alam	[alam]
wereldbol (de)	globe	[globe]
kaart (de)	peta	[peta]
atlas (de)	atlas	[atlas]
Europa (het)	Eropa	[eropa]
Azië (het)	Asia	[asia]
Afrika (het)	Afrika	[afrika]
Australië (het)	Australia	[australia]
Amerika (het)	Amerika	[amerika]
Noord-Amerika (het)	Amerika Utara	[amerika utara]
Zuid-Amerika (het)	Amerika Selatan	[amerika selatan]
Antarctica (het)	Antartika	[antartika]
Arctis (de)	Arktika	[arktika]

124. Windrichtingen

noorden (het)	utara	[utara]
naar het noorden	ke utara	[ke utara]
in het noorden	di utara	[di utara]
noordelijk (bn)	utara	[utara]
zuiden (het)	selatan	[selatan]
naar het zuiden	ke selatan	[ke selatan]
in het zuiden	di selatan	[di selatan]
zuidelijk (bn)	selatan	[selatan]
westen (het)	barat	[barat]
naar het westen	ke barat	[ke barat]
in het westen	di barat	[di barat]
westelijk (bn)	barat	[barat]
oosten (het)	timur	[timur]
naar het oosten	ke timur	[ke timur]
in het oosten	di timur	[di timur]
oostelijk (bn)	timur	[timur]

125. Zee. Oceaan

zee (de)	laut	[laut]
oceaan (de)	samudra	[samudra]
golf (baai)	teluk	[teluʔ]
straat (de)	selat	[selat]
grond (vaste grond)	daratan	[daratan]
continent (het)	benua	[benua]
eiland (het)	pulau	[pulau]
schiereiland (het)	semenanjung, jazirah	[semenandʒʲuŋ], [dʒʲazirah]
archipel (de)	kepulauan	[kepulauan]
baai, bocht (de)	teluk	[teluʔ]
haven (de)	pelabuhan	[pelabuhan]
lagune (de)	laguna	[laguna]
kaap (de)	tanjung	[tandʒʲuŋ]
atol (de)	pulau karang	[pulau karaŋ]
rif (het)	terumbu	[terumbu]
koraal (het)	karang	[karaŋ]
koraalrif (het)	terumbu karang	[terumbu karaŋ]
diep (bn)	dalam	[dalam]
diepte (de)	kedalaman	[kedalaman]
diepzee (de)	jurang	[dʒʲuraŋ]
trog (bijv. Marianentrog)	palung	[paluŋ]
stroming (de)	arus	[arus]
omspoelen (ww)	berbatasan dengan	[berbatasan deŋan]

oever (de)	**pantai**	[pantaj]
kust (de)	**pantai**	[pantaj]
vloed (de)	**air pasang**	[air pasaŋ]
eb (de)	**air surut**	[air surut]
ondiepte (ondiep water)	**beting**	[betiŋ]
bodem (de)	**dasar**	[dasar]
golf (hoge ~)	**gelombang**	[gelombaŋ]
golfkam (de)	**puncak gelombang**	[puntʃa' gelombaŋ]
schuim (het)	**busa, buih**	[busa], [buih]
storm (de)	**badai**	[badaj]
orkaan (de)	**topan**	[topan]
tsunami (de)	**tsunami**	[tsunami]
windstilte (de)	**angin tenang**	[aŋin tenaŋ]
kalm (bijv. ~e zee)	**tenang**	[tenaŋ]
pool (de)	**kutub**	[kutub]
polair (bn)	**kutub**	[kutub]
breedtegraad (de)	**lintang**	[lintaŋ]
lengtegraad (de)	**garis bujur**	[garis budʒʲur]
parallel (de)	**sejajar**	[sedʒʲadʒʲar]
evenaar (de)	**khatulistiwa**	[hatulistiwa]
hemel (de)	**langit**	[laŋit]
horizon (de)	**horizon**	[horizon]
lucht (de)	**udara**	[udara]
vuurtoren (de)	**mercusuar**	[mertʃusuar]
duiken (ww)	**menyelam**	[mənjelam]
zinken (ov. een boot)	**karam**	[karam]
schatten (mv.)	**harta karun**	[harta karun]

126. Namen van zeeën en oceanen

Atlantische Oceaan (de)	**Samudra Atlantik**	[samudra atlantiʔ]
Indische Oceaan (de)	**Samudra Hindia**	[samudra hindia]
Stille Oceaan (de)	**Samudra Pasifik**	[samudra pasifiʔ]
Noordelijke IJszee (de)	**Samudra Arktik**	[samudra arktiʔ]
Zwarte Zee (de)	**Laut Hitam**	[laut hitam]
Rode Zee (de)	**Laut Merah**	[laut merah]
Gele Zee (de)	**Laut Kuning**	[laut kuniŋ]
Witte Zee (de)	**Laut Putih**	[laut putih]
Kaspische Zee (de)	**Laut Kaspia**	[laut kaspia]
Dode Zee (de)	**Laut Mati**	[laut mati]
Middellandse Zee (de)	**Laut Tengah**	[laut teŋah]
Egeïsche Zee (de)	**Laut Aegean**	[laut aegean]
Adriatische Zee (de)	**Laut Adriatik**	[laut adriatiʔ]
Arabische Zee (de)	**Laut Arab**	[laut arab]

Japanse Zee (de)	Laut Jepang	[laut dʒʲepaŋ]
Beringzee (de)	Laut Bering	[laut beriŋ]
Zuid-Chinese Zee (de)	Laut Cina Selatan	[laut tʃina selatan]

Koraalzee (de)	Laut Karang	[laut karaŋ]
Tasmanzee (de)	Laut Tasmania	[laut tasmania]
Caribische Zee (de)	Laut Karibia	[laut karibia]

| Barentszzee (de) | Laut Barents | [laut barents] |
| Karische Zee (de) | Laut Kara | [laut kara] |

Noordzee (de)	Laut Utara	[laut utara]
Baltische Zee (de)	Laut Baltik	[laut baltiʔ]
Noorse Zee (de)	Laut Norwegia	[laut norwegia]

127. Bergen

berg (de)	gunung	[gunuŋ]
bergketen (de)	jajaran gunung	[dʒʲadʒʲaran gunuŋ]
gebergte (het)	sisir gunung	[sisir gunuŋ]

bergtop (de)	puncak	[puntʃaʔ]
bergpiek (de)	puncak	[puntʃaʔ]
voet (ov. de berg)	kaki	[kaki]
helling (de)	lereng	[lereŋ]

vulkaan (de)	gunung api	[gunuŋ api]
actieve vulkaan (de)	gunung api yang aktif	[gunuŋ api yaŋ aktif]
uitgedoofde vulkaan (de)	gunung api yang tidak aktif	[gunuŋ api yaŋ tidaʔ aktif]

uitbarsting (de)	erupsi, letusan	[erupsi], [letusan]
krater (de)	kawah	[kawah]
magma (het)	magma	[magma]
lava (de)	lava, lahar	[lava], [lahar]
gloeiend (~e lava)	pijar	[pidʒʲar]

kloof (canyon)	kanyon	[kanjon]
bergkloof (de)	jurang	[dʒʲuraŋ]
spleet (de)	celah	[tʃelah]
afgrond (de)	jurang	[dʒʲuraŋ]

bergpas (de)	pass, celah	[pass], [tʃelah]
plateau (het)	plato, dataran tinggi	[plato], [dataran tiŋgi]
klip (de)	tebing	[tebiŋ]
heuvel (de)	bukit	[bukit]

gletsjer (de)	gletser	[gletser]
waterval (de)	air terjun	[air tərdʒʲun]
geiser (de)	geiser	[geyser]
meer (het)	danau	[danau]

vlakte (de)	dataran	[dataran]
landschap (het)	landskap	[landskap]
echo (de)	gema	[gema]

alpinist (de)	pendaki gunung	[pendaki gunuŋ]
bergbeklimmer (de)	pemanjat tebing	[pemandʒ'at tebiŋ]
trotseren (berg ~)	menaklukkan	[mənaklu'kan]
beklimming (de)	pendakian	[pendakian]

128. Bergen namen

Alpen (de)	Alpen	[alpen]
Mont Blanc (de)	Mont Blanc	[mon blan]
Pyreneeën (de)	Pirenia	[pirenia]
Karpaten (de)	Pegunungan Karpatia	[pegunuŋan karpatia]
Oeralgebergte (het)	Pegunungan Ural	[pegunuŋan ural]
Kaukasus (de)	Kaukasus	[kaukasus]
Elbroes (de)	Elbrus	[elbrus]
Altaj (de)	Altai	[altaj]
Tiensjan (de)	Tien Shan	[tjen ʃan]
Pamir (de)	Pegunungan Pamir	[pegunuŋan pamir]
Himalaya (de)	Himalaya	[himalaja]
Everest (de)	Everest	[everest]
Andes (de)	Andes	[andes]
Kilimanjaro (de)	Kilimanjaro	[kilimandʒ'aro]

129. Rivieren

rivier (de)	sungai	[suŋaj]
bron (~ van een rivier)	mata air	[mata air]
rivierbedding (de)	badan sungai	[badan suŋaj]
rivierbekken (het)	basin	[basin]
uitmonden in ...	mengalir ke ...	[məŋalir ke ...]
zijrivier (de)	anak sungai	[ana' suŋaj]
oever (de)	tebing sungai	[tebiŋ suŋaj]
stroming (de)	arus	[arus]
stroomafwaarts (bw)	ke hilir	[ke hilir]
stroomopwaarts (bw)	ke hulu	[ke hulu]
overstroming (de)	banjir	[bandʒir]
overstroming (de)	banjir	[bandʒir]
buiten zijn oevers treden	membanjiri	[membandʒiri]
overstromen (ww)	membanjiri	[membandʒiri]
zandbank (de)	beting	[betiŋ]
stroomversnelling (de)	jeram	[dʒ'eram]
dam (de)	dam, bendungan	[dam], [benduŋan]
kanaal (het)	kanal, terusan	[kanal], [tərusan]
spaarbekken (het)	waduk	[wadu']
sluis (de)	pintu air	[pintu air]

waterlichaam (het)	kolam	[kolam]
moeras (het)	rawa	[rawa]
broek (het)	bencah, paya	[bentʃah], [paja]
draaikolk (de)	pusaran air	[pusaran air]
stroom (de)	selokan	[selokan]
drink- (abn)	minum	[minum]
zoet (~ water)	tawar	[tawar]
IJs (het)	es	[es]
bevriezen (rivier, enz.)	membeku	[membeku]

130. Namen van rivieren

Seine (de)	Seine	[seine]
Loire (de)	Loire	[loire]
Theems (de)	Thames	[tems]
Rijn (de)	Rein	[reyn]
Donau (de)	Donau	[donau]
Wolga (de)	Volga	[volga]
Don (de)	Don	[don]
Lena (de)	Lena	[lena]
Gele Rivier (de)	Suang Kuning	[suaŋ kuniŋ]
Blauwe Rivier (de)	Yangtze	[yaŋtze]
Mekong (de)	Mekong	[mekoŋ]
Ganges (de)	Gangga	[gaŋga]
Nijl (de)	Sungai Nil	[suŋaj nil]
Kongo (de)	Kongo	[koŋo]
Okavango (de)	Okavango	[okavaŋo]
Zambezi (de)	Zambezi	[zambezi]
Limpopo (de)	Limpopo	[limpopo]
Mississippi (de)	Mississippi	[misisipi]

131. Bos

bos (het)	hutan	[hutan]
bos- (abn)	hutan	[hutan]
oerwoud (dicht bos)	hutan lebat	[hutan lebat]
bosje (klein bos)	hutan kecil	[hutan ketʃil]
open plek (de)	pembukaan hutan	[pembukaʔan hutan]
struikgewas (het)	semak belukar	[semaʔ belukar]
struiken (mv.)	belukar	[belukar]
paadje (het)	jalan setapak	[dʒialan setapaʔ]
ravijn (het)	parit	[parit]
boom (de)	pohon	[pohon]

blad (het)	daun	[daun]
gebladerte (het)	daun-daunan	[daun-daunan]
vallende bladeren (mv.)	daun berguguran	[daun berguguran]
vallen (ov. de bladeren)	luruh	[luruh]
boomtop (de)	puncak	[puntʃaʔ]
tak (de)	cabang	[tʃabaŋ]
ent (de)	dahan	[dahan]
knop (de)	tunas	[tunas]
naald (de)	daun jarum	[daun dʒʲarum]
dennenappel (de)	buah pinus	[buah pinus]
boom holte (de)	lubang pohon	[lubaŋ pohon]
nest (het)	sarang	[saraŋ]
hol (het)	lubang	[lubaŋ]
stam (de)	batang	[bataŋ]
wortel (bijv. boom~s)	akar	[akar]
schors (de)	kulit	[kulit]
mos (het)	lumut	[lumut]
ontwortelen (een boom)	mencabut	[məntʃabut]
kappen (een boom ~)	menebang	[mənebaŋ]
ontbossen (ww)	deforestasi, penggundulan hutan	[deforestasi], [peŋgundulan hutan]
stronk (de)	tunggul	[tuŋgul]
kampvuur (het)	api unggun	[api uŋgun]
bosbrand (de)	kebakaran hutan	[kebakaran hutan]
blussen (ww)	memadamkan	[memadamkan]
boswachter (de)	penjaga hutan	[pendʒʲaga hutan]
bescherming (de)	perlindungan	[pərlinduŋan]
beschermen (bijv. de natuur ~)	melindungi	[melinduɲi]
stroper (de)	pemburu ilegal	[pemburu ilegal]
val (de)	perangkap	[pəraŋkap]
plukken (vruchten, enz.)	memetik	[memetiʔ]
verdwalen (de weg kwijt zijn)	tersesat	[tərsesat]

132. Natuurlijke hulpbronnen

natuurlijke rijkdommen (mv.)	sumber daya alam	[sumber daja alam]
delfstoffen (mv.)	bahan tambang	[bahan tambaŋ]
lagen (mv.)	endapan	[endapan]
veld (bijv. olie~)	ladang	[ladaŋ]
winnen (uit erts ~)	menambang	[mənambaŋ]
winning (de)	pertambangan	[pertambaŋan]
erts (het)	bijih	[bidʒih]
mijn (bijv. kolenmijn)	tambang	[tambaŋ]
mijnschacht (de)	sumur tambang	[sumur tambaŋ]

mijnwerker (de)	**penambang**	[penambaŋ]
gas (het)	**gas**	[gas]
gasleiding (de)	**pipa saluran gas**	[pipa saluran gas]
olie (aardolie)	**petroleum, minyak**	[petroleum], [minjaʔ]
olieleiding (de)	**pipa saluran minyak**	[pipa saluran minjaʔ]
oliebron (de)	**sumur minyak**	[sumur minjaʔ]
boortoren (de)	**menara bor minyak**	[mənara bor minjaʔ]
tanker (de)	**kapal tangki**	[kapal taŋki]
zand (het)	**pasir**	[pasir]
kalksteen (de)	**batu kapur**	[batu kapur]
grind (het)	**kerikil**	[kerikil]
veen (het)	**gambut**	[gambut]
klei (de)	**tanah liat**	[tanah liat]
steenkool (de)	**arang**	[araŋ]
IJzer (het)	**besi**	[besi]
goud (het)	**emas**	[emas]
zilver (het)	**perak**	[peraʔ]
nikkel (het)	**nikel**	[nikel]
koper (het)	**tembaga**	[tembaga]
zink (het)	**seng**	[seŋ]
mangaan (het)	**mangan**	[maŋan]
kwik (het)	**air raksa**	[air raksa]
lood (het)	**timbal**	[timbal]
mineraal (het)	**mineral**	[mineral]
kristal (het)	**kristal, hablur**	[kristal], [hablur]
marmer (het)	**marmer**	[marmer]
uraan (het)	**uranium**	[uranium]

De Aarde. Deel 2

133. Weer

weer (het)	cuaca	[tʃuatʃa]
weersvoorspelling (de)	prakiraan cuaca	[prakira'an tʃuatʃa]
temperatuur (de)	temperatur, suhu	[temperatur], [suhu]
thermometer (de)	termometer	[tərmometər]
barometer (de)	barometer	[barometer]
vochtig (bn)	lembap	[lembap]
vochtigheid (de)	kelembapan	[kelembapan]
hitte (de)	panas, gerah	[panas], [gerah]
heet (bn)	panas terik	[panas təriʔ]
het is heet	panas	[panas]
het is warm	hangat	[haŋat]
warm (bn)	hangat	[haŋat]
het is koud	dingin	[diŋin]
koud (bn)	dingin	[diŋin]
zon (de)	matahari	[matahari]
schijnen (de zon)	bersinar	[bərsinar]
zonnig (~e dag)	cerah	[tʃerah]
opgaan (ov. de zon)	terbit	[terbit]
ondergaan (ww)	terbenam	[tərbenam]
wolk (de)	awan	[awan]
bewolkt (bn)	berawan	[bərawan]
regenwolk (de)	awan mendung	[awan menduŋ]
somber (bn)	mendung	[menduŋ]
regen (de)	hujan	[hudʒʲan]
het regent	hujan turun	[hudʒʲan turun]
regenachtig (bn)	hujan	[hudʒʲan]
motregenen (ww)	gerimis	[gerimis]
plensbui (de)	hujan lebat	[hudʒʲan lebat]
stortbui (de)	hujan lebat	[hudʒʲan lebat]
hard (bn)	lebat	[lebat]
plas (de)	kubangan	[kubaŋan]
nat worden (ww)	kehujanan	[kehudʒʲanan]
mist (de)	kabut	[kabut]
mistig (bn)	berkabut	[bərkabut]
sneeuw (de)	salju	[saldʒʲu]
het sneeuwt	turun salju	[turun saldʒʲu]

134. Zwaar weer. Natuurrampen

noodweer (storm)	hujan badai	[hudʒʲan badaj]
bliksem (de)	kilat	[kilat]
flitsen (ww)	berkilau	[bərkilau]
donder (de)	petir	[petir]
donderen (ww)	bergemuruh	[bərgemuruh]
het dondert	bergemuruh	[bərgemuruh]
hagel (de)	hujan es	[hudʒʲan es]
het hagelt	hujan es	[hudʒʲan es]
overstromen (ww)	membanjiri	[membandʒiri]
overstroming (de)	banjir	[bandʒir]
aardbeving (de)	gempa bumi	[gempa bumi]
aardschok (de)	gempa	[gempa]
epicentrum (het)	episentrum	[episentrum]
uitbarsting (de)	erupsi, letusan	[erupsi], [letusan]
lava (de)	lava, lahar	[lava], [lahar]
wervelwind (de)	puting beliung	[putiŋ beliuŋ]
windhoos (de)	tornado	[tornado]
tyfoon (de)	topan	[topan]
orkaan (de)	topan	[topan]
storm (de)	badai	[badaj]
tsunami (de)	tsunami	[tsunami]
cycloon (de)	siklon	[siklon]
onweer (het)	cuaca buruk	[tʃuatʃa buruʔ]
brand (de)	kebakaran	[kebakaran]
ramp (de)	bencana	[bentʃana]
meteoriet (de)	meteorit	[meteorit]
lawine (de)	longsor	[loŋsor]
sneeuwverschuiving (de)	salju longsor	[saldʒʲu loŋsor]
sneeuwjacht (de)	badai salju	[badaj saldʒʲu]
sneeuwstorm (de)	badai salju	[badaj saldʒʲu]

Fauna

135. Zoogdieren. Roofdieren

roofdier (het)	**predator, pemangsa**	[predator], [pemaŋsa]
tijger (de)	**harimau**	[harimau]
leeuw (de)	**singa**	[siŋa]
wolf (de)	**serigala**	[serigala]
vos (de)	**rubah**	[rubah]
jaguar (de)	**jaguar**	[dʒʲaguar]
luipaard (de)	**leopard, macan tutul**	[leopard], [matʃan tutul]
jachtluipaard (de)	**cheetah**	[tʃeetah]
panter (de)	**harimau kumbang**	[harimau kumbaŋ]
poema (de)	**singa gunung**	[siŋa gunuŋ]
sneeuwluipaard (de)	**harimau bintang salju**	[harimau bintaŋ saldʒʲu]
lynx (de)	**lynx**	[links]
coyote (de)	**koyote**	[koyot]
jakhals (de)	**jakal**	[dʒʲakal]
hyena (de)	**hiena**	[hiena]

136. Wilde dieren

dier (het)	**binatang**	[binataŋ]
beest (het)	**binatang buas**	[binataŋ buas]
eekhoorn (de)	**bajing**	[badʒiŋ]
egel (de)	**landak susu**	[landaʔ susu]
haas (de)	**terwelu**	[tərwelu]
konijn (het)	**kelinci**	[kelintʃi]
das (de)	**luak**	[luaʔ]
wasbeer (de)	**rakun**	[rakun]
hamster (de)	**hamster**	[hamster]
marmot (de)	**marmut**	[marmut]
mol (de)	**tikus mondok**	[tikus mondoʔ]
muis (de)	**tikus**	[tikus]
rat (de)	**tikus besar**	[tikus besar]
vleermuis (de)	**kelelawar**	[kelelawar]
hermelijn (de)	**ermin**	[ermin]
sabeldier (het)	**sabel**	[sabel]
marter (de)	**marten**	[marten]
wezel (de)	**musang**	[musaŋ]
nerts (de)	**cerpelai**	[tʃerpelaj]

bever (de)	beaver	[beaver]
otter (de)	berang-berang	[bəraŋ-bəraŋ]
paard (het)	kuda	[kuda]
eland (de)	rusa besar	[rusa besar]
hert (het)	rusa	[rusa]
kameel (de)	unta	[unta]
bizon (de)	bison	[bison]
oeros (de)	aurochs	[oroks]
buffel (de)	kerbau	[kerbau]
zebra (de)	kuda belang	[kuda belaŋ]
antilope (de)	antelop	[antelop]
ree (de)	kijang	[kiʤʲaŋ]
damhert (het)	rusa	[rusa]
gems (de)	chamois	[ʃemva]
everzwijn (het)	babi hutan jantan	[babi hutan ʤʲantan]
walvis (de)	ikan paus	[ikan paus]
rob (de)	anjing laut	[anʤiŋ laut]
walrus (de)	walrus	[walrus]
zeehond (de)	anjing laut berbulu	[anʤiŋ laut berbulu]
dolfijn (de)	lumba-lumba	[lumba-lumba]
beer (de)	beruang	[beruaŋ]
IJsbeer (de)	beruang kutub	[beruaŋ kutub]
panda (de)	panda	[panda]
aap (de)	monyet	[monjet]
chimpansee (de)	simpanse	[simpanse]
orang-oetan (de)	orang utan	[oraŋ utan]
gorilla (de)	gorila	[gorila]
makaak (de)	kera	[kera]
gibbon (de)	siamang, ungka	[siamaŋ], [uŋka]
olifant (de)	gajah	[gaʤʲah]
neushoorn (de)	badak	[badaʔ]
giraffe (de)	jerapah	[ʤʲerapah]
nijlpaard (het)	kuda nil	[kuda nil]
kangoeroe (de)	kanguru	[kaŋuru]
koala (de)	koala	[koala]
mangoest (de)	garangan	[garaŋan]
chinchilla (de)	chinchilla	[ʧinʧilla]
stinkdier (het)	sigung	[siguŋ]
stekelvarken (het)	landak	[landaʔ]

137. Huisdieren

poes (de)	kucing betina	[kuʧiŋ betina]
kater (de)	kucing jantan	[kuʧiŋ ʤʲantan]
hond (de)	anjing	[anʤiŋ]

paard (het)	kuda	[kuda]
hengst (de)	kuda jantan	[kuda dʒʲantan]
merrie (de)	kuda betina	[kuda betina]
koe (de)	sapi	[sapi]
stier (de)	sapi jantan	[sapi dʒʲantan]
os (de)	lembu jantan	[lembu dʒʲantan]
schaap (het)	domba	[domba]
ram (de)	domba jantan	[domba dʒʲantan]
geit (de)	kambing betina	[kambiŋ betina]
bok (de)	kambing jantan	[kambiŋ dʒʲantan]
ezel (de)	keledai	[keledaj]
muilezel (de)	bagal	[bagal]
varken (het)	babi	[babi]
biggetje (het)	anak babi	[anaʔ babi]
konijn (het)	kelinci	[kelintʃi]
kip (de)	ayam betina	[ajam betina]
haan (de)	ayam jago	[ajam dʒʲago]
eend (de)	bebek	[bebeʔ]
woerd (de)	bebek jantan	[bebeʔ dʒʲantan]
gans (de)	angsa	[aŋsa]
kalkoen haan (de)	kalkun jantan	[kalkun dʒʲantan]
kalkoen (de)	kalkun betina	[kalkun betina]
huisdieren (mv.)	binatang piaraan	[binataŋ piaraʔan]
tam (bijv. hamster)	jinak	[dʒina?]
temmen (tam maken)	menjinakkan	[məndʒinaʔkan]
fokken (bijv. paarden ~)	membiakkan	[membiaʔkan]
boerderij (de)	peternakan	[peternakan]
gevogelte (het)	unggas	[uŋgas]
rundvee (het)	ternak	[ternaʔ]
kudde (de)	kawanan	[kawanan]
paardenstal (de)	kandang kuda	[kandaŋ kuda]
zwijnenstal (de)	kandang babi	[kandaŋ babi]
koeienstal (de)	kandang sapi	[kandaŋ sapi]
konijnenhok (het)	sangkar kelinci	[saŋkar kelintʃi]
kippenhok (het)	kandang ayam	[kandaŋ ajam]

138. Vogels

vogel (de)	burung	[buruŋ]
duif (de)	burung dara	[buruŋ dara]
mus (de)	burung gereja	[buruŋ geredʒʲa]
koolmees (de)	burung tit	[buruŋ tit]
ekster (de)	burung murai	[buruŋ muraj]
raaf (de)	burung raven	[buruŋ raven]

kraai (de)	burung gagak	[buruŋ gagaʔ]
kauw (de)	burung gagak kecil	[buruŋ gaga' ketʃil]
roek (de)	burung rook	[buruŋ rooʔ]
eend (de)	bebek	[bebeʔ]
gans (de)	angsa	[aŋsa]
fazant (de)	burung kuau	[buruŋ kuau]
arend (de)	rajawali	[radʒ‍ǀawali]
havik (de)	elang	[elaŋ]
valk (de)	alap-alap	[alap-alap]
gier (de)	hering	[heriŋ]
condor (de)	kondor	[kondor]
zwaan (de)	angsa	[aŋsa]
kraanvogel (de)	burung jenjang	[buruŋ dʒǀendʒǀaŋ]
ooievaar (de)	bangau	[baŋau]
papegaai (de)	burung nuri	[buruŋ nuri]
kolibrie (de)	burung kolibri	[buruŋ kolibri]
pauw (de)	burung merak	[buruŋ meraʔ]
struisvogel (de)	burung unta	[buruŋ unta]
reiger (de)	kuntul	[kuntul]
flamingo (de)	burung flamingo	[buruŋ flamiŋo]
pelikaan (de)	pelikan	[pelikan]
nachtegaal (de)	burung bulbul	[buruŋ bulbul]
zwaluw (de)	burung walet	[buruŋ walet]
lijster (de)	burung jalak	[buruŋ dʒǀalaʔ]
zanglijster (de)	burung jalak suren	[buruŋ dʒǀala' suren]
merel (de)	burung jalak hitam	[buruŋ dʒǀala' hitam]
gierzwaluw (de)	burung apus-apus	[buruŋ apus-apus]
leeuwerik (de)	burung lark	[buruŋ larʔ]
kwartel (de)	burung puyuh	[buruŋ puyuh]
specht (de)	burung pelatuk	[buruŋ pelatuʔ]
koekoek (de)	burung kukuk	[buruŋ kukuʔ]
uil (de)	burung hantu	[buruŋ hantu]
oehoe (de)	burung hantu bertanduk	[buruŋ hantu bertanduʔ]
auerhoen (het)	burung murai kayu	[buruŋ muraj kaju]
korhoen (het)	burung belibis hitam	[buruŋ belibis hitam]
patrijs (de)	ayam hutan	[ajam hutan]
spreeuw (de)	burung starling	[buruŋ starliŋ]
kanarie (de)	burung kenari	[buruŋ kenari]
hazelhoen (het)	ayam hutan hazel	[ajam hutan hazel]
vink (de)	burung chaffinch	[buruŋ tʃaffintʃ]
goudvink (de)	burung bullfinch	[buruŋ bullfintʃ]
meeuw (de)	burung camar	[buruŋ tʃamar]
albatros (de)	albatros	[albatros]
pinguïn (de)	penguin	[peŋuin]

139. Vis. Zeedieren

brasem (de)	ikan bream	[ikan bream]
karper (de)	ikan karper	[ikan karper]
baars (de)	ikan tilapia	[ikan tilapia]
meerval (de)	lais junggang	[lajs dʒʲuŋgaŋ]
snoek (de)	ikan pike	[ikan paik]
zalm (de)	salmon	[salmon]
steur (de)	ikan sturgeon	[ikan sturdʒʲen]
haring (de)	ikan haring	[ikan hariŋ]
atlantische zalm (de)	ikan salem	[ikan salem]
makreel (de)	ikan kembung	[ikan kembuŋ]
platvis (de)	ikan sebelah	[ikan sebelah]
snoekbaars (de)	ikan seligi tenggeran	[ikan seligi teŋgeran]
kabeljauw (de)	ikan kod	[ikan kod]
tonijn (de)	tuna	[tuna]
forel (de)	ikan forel	[ikan forel]
paling (de)	belut	[belut]
sidderrog (de)	ikan pari listrik	[ikan pari listriʔ]
murene (de)	belut moray	[belut morey]
piranha (de)	ikan piranha	[ikan piranha]
haai (de)	ikan hiu	[ikan hiu]
dolfijn (de)	lumba-lumba	[lumba-lumba]
walvis (de)	ikan paus	[ikan paus]
krab (de)	kepiting	[kepitiŋ]
kwal (de)	ubur-ubur	[ubur-ubur]
octopus (de)	gurita	[gurita]
zeester (de)	bintang laut	[bintaŋ laut]
zee-egel (de)	landak laut	[landaʔ laut]
zeepaardje (het)	kuda laut	[kuda laut]
oester (de)	tiram	[tiram]
garnaal (de)	udang	[udaŋ]
kreeft (de)	udang karang	[udaŋ karaŋ]
langoest (de)	lobster berduri	[lobster berduri]

140. Amfibieën. Reptielen

slang (de)	ular	[ular]
giftig (slang)	berbisa	[berbisa]
adder (de)	ular viper	[ular viper]
cobra (de)	kobra	[kobra]
python (de)	ular sanca	[ular santʃa]
boa (de)	ular boa	[ular boa]
ringslang (de)	ular tanah	[ular tanah]

ratelslang (de)	ular derik	[ular deriʔ]
anaconda (de)	ular anakonda	[ular anakonda]

hagedis (de)	kadal	[kadal]
leguaan (de)	iguana	[iguana]
varaan (de)	biawak	[biawaʔ]
salamander (de)	salamander	[salamander]
kameleon (de)	bunglon	[buŋlon]
schorpioen (de)	kalajengking	[kaladʒieŋkiŋ]

schildpad (de)	kura-kura	[kura-kura]
kikker (de)	katak	[kataʔ]
pad (de)	kodok	[kodoʔ]
krokodil (de)	buaya	[buaja]

141. Insecten

insect (het)	serangga	[seraŋga]
vlinder (de)	kupu-kupu	[kupu-kupu]
mier (de)	semut	[semut]
vlieg (de)	lalat	[lalat]
mug (de)	nyamuk	[njamuʔ]
kever (de)	kumbang	[kumbaŋ]

wesp (de)	tawon	[tawon]
bij (de)	lebah	[lebah]
hommel (de)	kumbang	[kumbaŋ]
horzel (de)	lalat kerbau	[lalat kerbau]

spin (de)	laba-laba	[laba-laba]
spinnenweb (het)	sarang laba-laba	[saraŋ laba-laba]

libel (de)	capung	[tʃapuŋ]
sprinkhaan (de)	belalang	[belalaŋ]
nachtvlinder (de)	ngengat	[ŋeŋat]

kakkerlak (de)	kecoa	[ketʃoa]
mijt (de)	kutu	[kutu]
vlo (de)	kutu loncat	[kutu lontʃat]
kriebelmug (de)	agas	[agas]

treksprinkhaan (de)	belalang	[belalaŋ]
slak (de)	siput	[siput]
krekel (de)	jangkrik	[dʒiaŋkriʔ]
glimworm (de)	kunang-kunang	[kunaŋ-kunaŋ]
lieveheersbeestje (het)	kumbang koksi	[kumbaŋ koksi]
meikever (de)	kumbang Cockchafer	[kumbaŋ kokʃafer]

bloedzuiger (de)	lintah	[lintah]
rups (de)	ulat	[ulat]
aardworm (de)	cacing	[tʃatʃiŋ]
larve (de)	larva	[larva]

Flora

142. Bomen

boom (de)	pohon	[pohon]
loof- (abn)	daun luruh	[daun luruh]
dennen- (abn)	pohon jarum	[pohon dʒ'arum]
groenblijvend (bn)	selalu hijau	[selalu hidʒ'au]
appelboom (de)	pohon apel	[pohon apel]
perenboom (de)	pohon pir	[pohon pir]
zoete kers (de)	pohon ceri manis	[pohon tʃeri manis]
zure kers (de)	pohon ceri asam	[pohon tʃeri asam]
pruimelaar (de)	pohon plum	[pohon plum]
berk (de)	pohon berk	[pohon bər']
eik (de)	pohon eik	[pohon ei']
linde (de)	pohon linden	[pohon linden]
esp (de)	pohon aspen	[pohon aspen]
esdoorn (de)	pohon mapel	[pohon mapel]
spar (de)	pohon den	[pohon den]
den (de)	pohon pinus	[pohon pinus]
lariks (de)	pohon larch	[pohon lartʃ]
zilverspar (de)	pohon fir	[pohon fir]
ceder (de)	pohon aras	[pohon aras]
populier (de)	pohon poplar	[pohon poplar]
lijsterbes (de)	pohon rowan	[pohon rowan]
wilg (de)	pohon dedalu	[pohon dedalu]
els (de)	pohon alder	[pohon alder]
beuk (de)	pohon nothofagus	[pohon notofagus]
iep (de)	pohon elm	[pohon elm]
es (de)	pohon abu	[pohon abu]
kastanje (de)	kastanye	[kastanje]
magnolia (de)	magnolia	[magnolia]
palm (de)	palem	[palem]
cipres (de)	pokok cipres	[poko' sipres]
mangrove (de)	bakau	[bakau]
baobab (apenbroodboom)	baobab	[baobab]
eucalyptus (de)	kayu putih	[kaju putih]
mammoetboom (de)	sequoia	[sekuoia]

143. Heesters

struik (de)	rumpun	[rumpun]
heester (de)	semak	[sema']

wijnstok (de)	pohon anggur	[pohon aŋgur]
wijngaard (de)	kebun anggur	[kebun aŋgur]
frambozenstruik (de)	pohon frambus	[pohon frambus]
zwarte bes (de)	pohon blackcurrant	[pohon bleʔkaren]
rode bessenstruik (de)	pohon redcurrant	[pohon redkaren]
kruisbessenstruik (de)	pohon arbei hijau	[pohon arbei hidʒʲau]
acacia (de)	pohon akasia	[pohon akasia]
zuurbes (de)	pohon barberis	[pohon barberis]
jasmijn (de)	melati	[melati]
jeneverbes (de)	pohon juniper	[pohon dʒʲuniper]
rozenstruik (de)	pohon mawar	[pohon mawar]
hondsroos (de)	pohon mawar liar	[pohon mawar liar]

144. Vruchten. Bessen

vrucht (de)	buah	[buah]
vruchten (mv.)	buah-buahan	[buah-buahan]
appel (de)	apel	[apel]
peer (de)	pir	[pir]
pruim (de)	plum	[plum]
aardbei (de)	stroberi	[stroberi]
zure kers (de)	buah ceri asam	[buah tʃeri asam]
zoete kers (de)	buah ceri manis	[buah tʃeri manis]
druif (de)	buah anggur	[buah aŋgur]
framboos (de)	buah frambus	[buah frambus]
zwarte bes (de)	blackcurrant	[bleʔkaren]
rode bes (de)	redcurrant	[redkaren]
kruisbes (de)	buah arbei hijau	[buah arbei hidʒʲau]
veenbes (de)	buah kranberi	[buah kranberi]
sinaasappel (de)	jeruk manis	[dʒʲeruʔ manis]
mandarijn (de)	jeruk mandarin	[dʒʲeruʔ mandarin]
ananas (de)	nanas	[nanas]
banaan (de)	pisang	[pisaŋ]
dadel (de)	buah kurma	[buah kurma]
citroen (de)	jeruk sitrun	[dʒʲeruʔ sitrun]
abrikoos (de)	aprikot	[aprikot]
perzik (de)	persik	[persiʔ]
kiwi (de)	kiwi	[kiwi]
grapefruit (de)	jeruk Bali	[dʒʲeruʔ bali]
bes (de)	buah beri	[buah beri]
bessen (mv.)	buah-buah beri	[buah-buah beri]
vossenbes (de)	buah cowberry	[buah kowberi]
bosaardbei (de)	stroberi liar	[stroberi liar]
bosbes (de)	buah bilberi	[buah bilberi]

145. Bloemen. Planten

bloem (de)	bunga	[buŋa]
boeket (het)	buket	[buket]
roos (de)	mawar	[mawar]
tulp (de)	tulip	[tulip]
anjer (de)	bunga anyelir	[buŋa anjelir]
gladiool (de)	bunga gladiol	[buŋa gladiol]
korenbloem (de)	cornflower	[kornflawa]
klokje (het)	bunga lonceng biru	[buŋa lontʃeŋ biru]
paardenbloem (de)	dandelion	[dandelion]
kamille (de)	bunga margrit	[buŋa margrit]
aloë (de)	lidah buaya	[lidah buaja]
cactus (de)	kaktus	[kaktus]
ficus (de)	pohon ara	[pohon ara]
lelie (de)	bunga lili	[buŋa lili]
geranium (de)	geranium	[geranium]
hyacint (de)	bunga bakung lembayung	[buŋa bakuŋ lembajuŋ]
mimosa (de)	putri malu	[putri malu]
narcis (de)	bunga narsis	[buŋa narsis]
Oostindische kers (de)	bunga nasturtium	[buŋa nasturtium]
orchidee (de)	anggrek	[aŋgreʔ]
pioenroos (de)	bunga peoni	[buŋa peoni]
viooltje (het)	bunga violet	[buŋa violet]
driekleurig viooltje (het)	bunga pansy	[buŋa pansi]
vergeet-mij-nietje (het)	bunga jangan-lupakan-daku	[buŋa dʒiaŋan-lupakan-daku]
madeliefje (het)	bunga desi	[buŋa desi]
papaver (de)	bunga madat	[buŋa madat]
hennep (de)	rami	[rami]
munt (de)	mint	[min]
lelietje-van-dalen (het)	lili lembah	[lili lembah]
sneeuwklokje (het)	bunga tetesan salju	[buŋa tetesan saldʒiu]
brandnetel (de)	jelatang	[dʒielataŋ]
veldzuring (de)	daun sorrel	[daun sorrel]
waterlelie (de)	lili air	[lili air]
varen (de)	pakis	[pakis]
korstmos (het)	lichen	[litʃen]
oranjerie (de)	rumah kaca	[rumah katʃa]
gazon (het)	halaman berumput	[halaman berumput]
bloemperk (het)	bedeng bunga	[bedeŋ buŋa]
plant (de)	tumbuhan	[tumbuhan]
gras (het)	rumput	[rumput]

grasspriet (de)	sehelai rumput	[sehelaj rumput]
blad (het)	daun	[daun]
bloemblad (het)	kelopak	[kelopaʔ]
stengel (de)	batang	[bataŋ]
knol (de)	ubi	[ubi]
scheut (de)	tunas	[tunas]
doorn (de)	duri	[duri]
bloeien (ww)	berbunga	[bərbuŋa]
verwelken (ww)	layu	[laju]
geur (de)	bau	[bau]
snijden (bijv. bloemen ~)	memotong	[memotoŋ]
plukken (bloemen ~)	memetik	[memetiʔ]

146. Granen, graankorrels

graan (het)	biji-bijian	[bidʒi-bidʒian]
graangewassen (mv.)	padi-padian	[padi-padian]
aar (de)	bulir	[bulir]
tarwe (de)	gandum	[gandum]
rogge (de)	gandum hitam	[gandum hitam]
haver (de)	oat	[oat]
gierst (de)	jawawut	[dʒʲawawut]
gerst (de)	jelai	[dʒʲelaj]
maïs (de)	jagung	[dʒʲaguŋ]
rijst (de)	beras	[beras]
boekweit (de)	buckwheat	[bakvit]
erwt (de)	kacang polong	[katʃaŋ poloŋ]
boon (de)	kacang buncis	[katʃaŋ buntʃis]
soja (de)	kacang kedelai	[katʃaŋ kedelaj]
linze (de)	kacang lentil	[katʃaŋ lentil]
bonen (mv.)	kacang-kacangan	[katʃaŋ-katʃaŋan]

LANDEN. NATIONALITEITEN

147. West-Europa

| Europa (het) | Eropa | [eropa] |
| Europese Unie (de) | Uni Eropa | [uni eropa] |

Oostenrijk (het)	Austria	[austria]
Groot-Brittannië (het)	Britania Raya	[britania raja]
Engeland (het)	Inggris	[iŋgris]
België (het)	Belgia	[belgia]
Duitsland (het)	Jerman	[ʤⁱerman]

Nederland (het)	Belanda	[belanda]
Holland (het)	Belanda	[belanda]
Griekenland (het)	Yunani	[yunani]
Denemarken (het)	Denmark	[denmarʔ]
Ierland (het)	Irlandia	[irlandia]
IJsland (het)	Islandia	[islandia]

Spanje (het)	Spanyol	[spanjol]
Italië (het)	Italia	[italia]
Cyprus (het)	Siprus	[siprus]
Malta (het)	Malta	[malta]

Noorwegen (het)	Norwegia	[norwegia]
Portugal (het)	Portugal	[portugal]
Finland (het)	Finlandia	[finlandia]
Frankrijk (het)	Prancis	[pranʧis]

Zweden (het)	Swedia	[swedia]
Zwitserland (het)	Swiss	[swiss]
Schotland (het)	Skotlandia	[skotlandia]

Vaticaanstad (de)	Vatikan	[vatikan]
Liechtenstein (het)	Liechtenstein	[lajhtensteyn]
Luxemburg (het)	Luksemburg	[luksemburg]
Monaco (het)	Monako	[monako]

148. Centraal- en Oost-Europa

Albanië (het)	Albania	[albania]
Bulgarije (het)	Bulgaria	[bulgaria]
Hongarije (het)	Hongaria	[hoŋaria]
Letland (het)	Latvia	[latvia]

| Litouwen (het) | Lituania | [lituania] |
| Polen (het) | Polandia | [polandia] |

Roemenië (het)	**Romania**	[romania]
Servië (het)	**Serbia**	[serbia]
Slowakije (het)	**Slowakia**	[slowakia]
Kroatië (het)	**Kroasia**	[kroasia]
Tsjechië (het)	**Republik Ceko**	[republi' t∫eko]
Estland (het)	**Estonia**	[estonia]
Bosnië en Herzegovina (het)	**Bosnia-Hercegovina**	[bosnia-hersegovina]
Macedonië (het)	**Makedonia**	[makedonia]
Slovenië (het)	**Slovenia**	[slovenia]
Montenegro (het)	**Montenegro**	[montenegro]

149. Voormalige USSR landen

Azerbeidzjan (het)	**Azerbaijan**	[azerbajdʒˈan]
Armenië (het)	**Armenia**	[armenia]
Wit-Rusland (het)	**Belarusia**	[belarusia]
Georgië (het)	**Georgia**	[dʒordʒia]
Kazakstan (het)	**Kazakistan**	[kazakstan]
Kirgizië (het)	**Kirgizia**	[kirgizia]
Moldavië (het)	**Moldova**	[moldova]
Rusland (het)	**Rusia**	[rusia]
Oekraïne (het)	**Ukraina**	[ukrajna]
Tadzjikistan (het)	**Tajikistan**	[tadʒikistan]
Turkmenistan (het)	**Turkmenistan**	[turkmenistan]
Oezbekistan (het)	**Uzbekistan**	[uzbekistan]

150. Azië

Azië (het)	**Asia**	[asia]
Vietnam (het)	**Vietnam**	[vjetnam]
India (het)	**India**	[india]
Israël (het)	**Israel**	[israel]
China (het)	**Tiongkok**	[tjoŋko']
Libanon (het)	**Lebanon**	[lebanon]
Mongolië (het)	**Mongolia**	[moŋolia]
Maleisië (het)	**Malaysia**	[malajsia]
Pakistan (het)	**Pakistan**	[pakistan]
Saoedi-Arabië (het)	**Arab Saudi**	[arab saudi]
Thailand (het)	**Thailand**	[tajland]
Taiwan (het)	**Taiwan**	[tajwan]
Turkije (het)	**Turki**	[turki]
Japan (het)	**Jepang**	[dʒˈepaŋ]
Afghanistan (het)	**Afghanistan**	[afganistan]
Bangladesh (het)	**Bangladesh**	[baŋladeʃ]

Indonesië (het)	**Indonesia**	[indonesia]
Jordanië (het)	**Yordania**	[yordania]
Irak (het)	**Irak**	[ira']
Iran (het)	**Iran**	[iran]
Cambodja (het)	**Kamboja**	[kambodʒʲa]
Koeweit (het)	**Kuwait**	[kuweyt]
Laos (het)	**Laos**	[laos]
Myanmar (het)	**Myanmar**	[myanmar]
Nepal (het)	**Nepal**	[nepal]
Verenigde Arabische Emiraten	**Uni Emirat Arab**	[uni emirat arab]
Syrië (het)	**Suriah**	[suriah]
Palestijnse autonomie (de)	**Palestina**	[palestina]
Zuid-Korea (het)	**Korea Selatan**	[korea selatan]
Noord-Korea (het)	**Korea Utara**	[korea utara]

151. Noord-Amerika

Verenigde Staten van Amerika	**Amerika Serikat**	[amerika serikat]
Canada (het)	**Kanada**	[kanada]
Mexico (het)	**Meksiko**	[meksiko]

152. Midden- en Zuid-Amerika

Argentinië (het)	**Argentina**	[argentina]
Brazilië (het)	**Brasil**	[brasil]
Colombia (het)	**Kolombia**	[kolombia]
Cuba (het)	**Kuba**	[kuba]
Chili (het)	**Chili**	[tʃili]
Bolivia (het)	**Bolivia**	[bolivia]
Venezuela (het)	**Venezuela**	[venezuela]
Paraguay (het)	**Paraguay**	[paraguaj]
Peru (het)	**Peru**	[peru]
Suriname (het)	**Suriname**	[suriname]
Uruguay (het)	**Uruguay**	[uruguaj]
Ecuador (het)	**Ekuador**	[ekuador]
Bahama's (mv.)	**Kepulauan Bahama**	[kepulauan bahama]
Haïti (het)	**Haiti**	[haiti]
Dominicaanse Republiek (de)	**Republik Dominika**	[republi' dominika]
Panama (het)	**Panama**	[panama]
Jamaica (het)	**Jamaika**	[dʒʲamajka]

153. Afrika

Egypte (het)	**Mesir**	[mesir]
Marokko (het)	**Maroko**	[maroko]
Tunesië (het)	**Tunisia**	[tunisia]
Ghana (het)	**Ghana**	[gana]
Zanzibar (het)	**Zanzibar**	[zanzibar]
Kenia (het)	**Kenya**	[kenia]
Libië (het)	**Libia**	[libia]
Madagaskar (het)	**Madagaskar**	[madagaskar]
Namibië (het)	**Namibia**	[namibia]
Senegal (het)	**Senegal**	[senegal]
Tanzania (het)	**Tanzania**	[tanzania]
Zuid-Afrika (het)	**Afrika Selatan**	[afrika selatan]

154. Australië. Oceanië

Australië (het)	**Australia**	[australia]
Nieuw-Zeeland (het)	**Selandia Baru**	[selandia baru]
Tasmanië (het)	**Tasmania**	[tasmania]
Frans-Polynesië	**Polinesia Prancis**	[polinesia prantʃis]

155. Steden

Amsterdam	**Amsterdam**	[amsterdam]
Ankara	**Ankara**	[ankara]
Athene	**Athena**	[atena]
Bagdad	**Bagdad**	[bagdad]
Bangkok	**Bangkok**	[baŋkoʔ]
Barcelona	**Barcelona**	[bartʃelona]
Beiroet	**Beirut**	[beyrut]
Berlijn	**Berlin**	[berlin]
Boedapest	**Budapest**	[budapest]
Boekarest	**Bukares**	[bukares]
Bombay, Mumbai	**Mumbai**	[mumbaj]
Bonn	**Bonn**	[bonn]
Bordeaux	**Bordeaux**	[bordo]
Bratislava	**Bratislava**	[bratislava]
Brussel	**Brussel**	[brusel]
Caïro	**Kairo**	[kajro]
Calcutta	**Kolkata**	[kolkata]
Chicago	**Chicago**	[tʃikago]
Dar Es Salaam	**Darussalam**	[darussalam]
Delhi	**Delhi**	[delhi]
Den Haag	**Den Hague**	[den hag]

Dubai	Dubai	[dubaj]
Dublin	Dublin	[dublin]
Düsseldorf	Düsseldorf	[dyuseldorf]
Florence	Firenze	[firenze]

Frankfort	Frankfurt	[frankfurt]
Genève	Jenewa	[dʒʲenewa]
Hamburg	Hamburg	[hamburg]
Hanoi	Hanoi	[hanoi]
Havana	Havana	[havana]

Helsinki	Helsinki	[helsinki]
Hiroshima	Hiroshima	[hiroʃima]
Hongkong	Hong Kong	[hoŋ koŋ]
Istanbul	Istambul	[istambul]
Jeruzalem	Yerusalem	[erusalem]
Kiev	Kiev	[kiev]

Kopenhagen	Kopenhagen	[kopenhagen]
Kuala Lumpur	Kuala Lumpur	[kuala lumpur]
Lissabon	Lisbon	[lisbon]
Londen	London	[london]
Los Angeles	Los Angeles	[los enzheles]

Lyon	Lyons	[lion]
Madrid	Madrid	[madrid]
Marseille	Marseille	[marseille]
Mexico-Stad	Meksiko	[meksiko]
Miami	Miami	[miami]

Montreal	Montréal	[montreal]
Moskou	Moskow	[moskow]
München	Munich	[munitʃ]
Nairobi	Nairobi	[najrobi]
Napels	Napoli	[napoli]

New York	New York	[nju yorʔ]
Nice	Nice	[nitʃe]
Oslo	Oslo	[oslo]
Ottawa	Ottawa	[ottawa]
Parijs	Paris	[paris]

Peking	Beijing	[beydʒiŋ]
Praag	Praha	[praha]
Rio de Janeiro	Rio de Janeiro	[rio de dʒʲaneyro]
Rome	Roma	[roma]
Seoel	Seoul	[seoul]
Singapore	Singapura	[siŋapura]

Sint-Petersburg	Saint Petersburg	[sajnt petersburg]
Sjanghai	Shanghai	[ʃanhaj]
Stockholm	Stockholm	[stokholm]
Sydney	Sydney	[sidni]
Taipei	Taipei	[tajpey]
Tokio	Tokyo	[tokio]
Toronto	Toronto	[toronto]

Venetië	**Venesia**	[venesia]
Warschau	**Warsawa**	[warsawa]
Washington	**Washington**	[waʃiŋton]
Wenen	**Wina**	[wina]

www.ingramcontent.com/pod-product-compliance
Lightning Source LLC
Chambersburg PA
CBHW070557050426
42450CB00011B/2897